Por que a esquerda morreu?

Jessé Souza

Por que a esquerda morreu?

E o que devemos fazer para ressuscitá-la

2ª edição

CIVILIZAÇÃO BRASILEIRA

Rio de Janeiro
2025

Capa: Anderson Junqueira
Diagramação: Abreu's System

Texto revisado segundo o Acordo Ortográfico da Língua Portuguesa de 1990.

Direitos desta edição adquiridos pela
EDITORA CIVILIZAÇÃO BRASILEIRA
Um selo da
EDITORA JOSÉ OLYMPIO LTDA.
Rua Argentina, 171 – 3º andar – São Cristóvão
Rio de Janeiro, RJ – 20921-380
Tel.: (21) 2585-2000.

CIP-BRASIL. CATALOGAÇÃO NA PUBLICAÇÃO
SINDICATO NACIONAL DOS EDITORES DE LIVROS, RJ

S715p

Souza, Jessé
Por que a esquerda morreu?: e o que devemos fazer para ressuscitá-la / Jessé Souza. – 2. ed. - Rio de janeiro: Civilização Brasileira, 2025.

ISBN 978-65-5802-267-1

1. Ciência política. 2. Direita e esquerda (Ciência política). 3. Democracia – Aspectos políticos. 4. Capitalismo – Aspectos políticos. I. Título.

CDD: 320.5
25-100739.1 CDU: 329.05

Carla Rosa Martins Gonçalves – Bibliotecária – CRB-7/4782

Impresso no Brasil
2025

SUMÁRIO

Prefácio

Os anos 1960 e 1970 testemunharam, especialmente nos países desenvolvidos, o maior avanço democrático da história até hoje. Ao fim de, então, mais de um século de luta organizada da classe trabalhadora e de duas grandes guerras, o mundo parecia ter se convencido de que racionalidade e justiça redistributiva eram o caminho para a construção de sociedades pacíficas. Em países como os Estados Unidos, a classe trabalhadora desfrutava de seus maiores salários relativos na história, e a ofensiva democrática desencadeada nos anos 1960 elencava uma vitória após a outra: ampliação de direitos civis para os negros, avanço do feminismo e do direito das mulheres, crítica ao imperialismo (simbolizado pela oposição à Guerra do Vietnã) e um primeiro avanço importante das questões ecológicas. Parecia – e essa era à época uma percepção generalizada – que finalmente a humanidade, ou parte dela, estaria sob a égide de uma união entre solidariedade e liberdade.

Ainda que as "décadas de ouro" da social-democracia do pós-guerra na Europa e nos Estados Unidos tenham sido obtidas em contrapartida das matérias-primas baratas vindas, quase sempre, de ditaduras militares no Sul global, mesmo em um país como o Brasil, a juventude dos anos 1960 deixou uma marca indelével na cultura em geral assim como na política em particular. Também no Brasil o recrudescimento da ditadura militar se deveu à potência dos jovens organizados – especialmente estudantes universitários e secundaristas.

Nos países desenvolvidos, toda a luta política relevante e revolucionária foi protagonizada pelos jovens com capital cultural. Isso se dava, não obstante, porque a elite dominante tentava, por meio da publicidade e da indústria cultural, domesticar o trabalhador, tradicionalmente aguerrido, especialmente o americano, e rebaixá-lo de cidadão a consumidor. Bons salários, uma casa e um carro na garagem – em troca de votos domesticados. Essa estratégia, como veremos mais tarde, foi muito bem-sucedida e manteve o controle do Estado nas mãos firmes da elite americana. Porem, a sociedade queria mais mudanças. E mudanças verdadeiras. Quem aprende o que é liberdade em uma dimensão da vida torna irresistível o avanço da liberdade em relação a todas as outras dimensões.

Isso ocorreu especialmente quando o grande inimigo do poder elitista do capitalismo estava personificado, antes de tudo, em seus próprios filhos e nos jovens em geral. O *boom* de avanço democrático depois da Segunda Guerra Mundial foi turbinado por dois avanços fundamentais: as boas escolas e universidades públicas com ensino universal de qualidade ao alcance da maioria da população; e a construção de uma mídia pública infensa ao poder do dinheiro (nesse particular, mais na Europa do que nos Estados Unidos). A essa nova "esfera pública esclarecida" se juntavam as organizações históricas da classe trabalhadora, como os fortes sindicatos – as "escolas da classe trabalhadora" – que existiam até então. Com essa aliança, o avanço democrático em todas as áreas parecia irresistível.

O mais importante aqui é que esse movimento começava a sinalizar os traços de construção de uma nova sociedade e de uma nova subjetividade. O que estava em jogo era nada mais nada menos que uma nova definição do que era ser "gente humana" e de como a vida deveria ser vivida. A chamada "revolução expressiva" dos anos 1960 em diante negava a percepção do ser humano como definida por sua produtividade no trabalho. Era como se aqueles novos jovens bem-formados dissessem: não somos apenas abelhas disciplinadas e produtivas, somos gente humana com mil outras necessidades importantes além do trabalho cansativo e repetitivo. Todo ser humano deveria ter a possibilidade de aprender quem ele é de fato e viver e experenciar a vida de acordo com esse aprendizado contínuo de quem nós somos e desejamos ser. Tratava-se de uma revolução verdadeira, uma mudança radical de paradigma sobre o que era a vida humana em sociedade.

Estava em jogo uma redefinição do ser humano que apontava para a fruição do milagre da vida em sua inteireza. Em vez de apenas máquinas do trabalho rotineiro, as pessoas começavam a se indagar quem elas mesmas eram de verdade pela primeira vez na história como um fenômeno de massas. Pior, do ponto de vista dos donos do poder, era a ideia disseminada entre os jovens de que a sociedade devia ser transformada radicalmente para permitir que todos pudessem expressar sua individualidade e suas preferências existenciais livremente. O próprio sistema capitalista havia construído seu maior inimigo dentro de sua própria casa ao propiciar o acesso dos jovens ao conhecimento crítico e à informação plural. O embate de gerações testemunhava o desabrochar de um tipo de liberdade radical que transcendia o simples produtivismo e consumismo.

Que tenham existido, antes dessa época, comunidades de artistas ou pensadores que praticavam outro estilo de vida – dentro da sociedade, mas ao mesmo tempo "fora dela", ou melhor, nas suas margens – não há dúvida. Mas isso era algo restrito a pequenas elites intelectuais antes da Segunda Guerra Mundial. O que estava acontecendo agora era algo totalmente novo. Jovens bem-formados e indignados com o autoritarismo que permeia a vida cotidiana, tanto no trabalho como fora dele, uniam-se aos trabalhadores mais engajados com o intuito declarado de transformar radicalmente a sociedade vigente. Essa é uma ameaça muito maior do que a "comunista", vista como ameaça externa. Agora a revolta se torna intestina, dos filhos contra os pais, criticando o núcleo do projeto capitalista, os próprios objetivos e finalidades da vida social.

Essa transformação radical não era pensada apenas como a simples passagem do capitalismo para o socialismo burocrático e produtivista, que seria apenas mais do mesmo problema. O que estava em jogo era o alvorecer de uma sociedade pós-produtivista alinhada a fim de possibilitar novos objetivos sociais e finalidades comuns, bem como conceber a vida humana em sua inteireza e complexidade – e o avanço tecnológico permitia antever a possibilidade real de isso acontecer. A mudança radical era percebida como uma mera questão de tempo, e o avanço irresistível das novas pautas comuns parecia confirmar todos os dias essa possibilidade. Contra isso a elite do dinheiro e do lucro pelo lucro não parecia ter qualquer chance.

Ledo engano. Como veremos no decorrer deste livro, a reação dos super-ricos a esse estado de coisas foi avassaladora. Não se tratava apenas de usar a polícia contra os trabalhadores organizados ou "pagar" pela lealdade e submissão da classe trabalhadora como antes havia acontecido. Agora os ricos se uniram em uma guerra declarada contra a esfera pública esclarecida, o conhecimento crítico e a informação plural que havia, em primeiro lugar, criado a resistência das novas gerações. Uma guerra contra a inteligência pública para fazê-la regredir ao ponto anterior à Segunda Guerra Mundial com seu fascismo e suas guerras de saque.

Essa é a história que queremos contar neste livro. É o verdadeiro pano de fundo para explicar o que se passa atualmente aqui e no mundo. Destinado a ser mero butim das nações imperialistas e de sua elite ávida, provinciana e medíocre, nosso país periférico foi redefinido e repaginado a partir desse mesmo pano de fundo. Tudo de efetivamente importante que acontece aqui foi desenhado lá fora – com raríssimas exceções, que discutiremos mais adiante –, quase sempre nos Estados Unidos, o verdadeiro dono deste quintal chamado Brasil. Daí ser tão importante discutir ampla e profundamente as grandes mudanças sociais e culturais mundiais, dada a inevitável influência americana de impedir há séculos os brasileiros de ter vida própria.

Dito de outro modo: é impossível compreender o Brasil e o que se passa nele sem examinar as amarras que o imperialismo americano construiu para deixá-lo eternamente pobre e subdesenvolvido. As máscaras mudam e assumem sempre um novo aspecto de modo a preservar um domínio cuidadosamente travestido de liberdade. Assim, as elites metropolitanas não mandam apenas em seus respectivos países. Essas mesmíssimas estratégias buscam enfraquecer e confundir a resistência de seu próprio povo, utilizadas por essas elites e pelas elites nativas, que como "capitães do mato" das elites americanas ganham um soldo, a sua parte no butim, para manter o saque comum e a ordem interna, garantindo, assim, a obediência e a lealdade das massas espoliadas do Sul global.

Na conclusão, veremos como esse estado de coisas condiciona a política brasileira a fim de explicar o atual ataque concertado e potencialmente mortal à esquerda, representada, muito especialmente, pelo Partido dos Trabalhadores. Algo foi perdido nesse caminho, mas não se sabe exatamente "o que" foi perdido. É isso que queremos explicitar, em primeiro lugar, já que uma resposta eficaz exige que se compreenda o que nos jogou na defensiva e que pode se tornar em pouco tempo letal. Em seguida, na segunda parte da conclusão, discutiremos o que tem de ser feito, no contexto adverso atual, para se ganhar novamente os corações e as mentes do povo cada vez mais desorientado, empobrecido e desesperado, que sempre foi o público privilegiado da esquerda em todos os lugares. Para acompanhar e compreender esta aventura é que convidamos a leitora e o leitor deste livro.

1. A GRANDE TRANSFORMAÇÃO (1830-1960)

O CONTEXTO HISTÓRICO DE FORMAÇÃO DA CLASSE TRABALHADORA

O século XIX foi o século da luta de classes vivida como uma ferida aberta pela maioria dos países capitalistas que se industrializavam. A classe trabalhadora do capitalismo industrial foi formada de baixo para cima, primeiro na Inglaterra e depois em outros lugares, e logrou desenvolver uma "consciência de classe" a partir de suas experiências cotidianas e sua cultura específica. E. P. Thompson, um dos maiores historiadores de nossa época, mostra como diversas influências religiosas e culturais em sentido amplo formavam um cadinho de experiências compartilhadas e depois discutidas na capela, na taberna e nos bares, espaços sociais de interação dos trabalhadores e artesãos.[1]

Essas experiências compartilhadas e articuladas de maneira consciente foram construindo, paulatinamente, a ideia da necessidade de defesa dos interesses comuns de todos os trabalhadores. Tais interesses apontavam para uma estrutura de exploração e opressão da classe senhorial, a qual passa a ser, agora, percebida como opressora e injusta, não mais como benevolente ou merecedora de privilégios. Thompson não percebe a consciência de classe como produto mecânico e automático do desenvolvimento de forças produtivas, e sim como uma construção autóctone de uma "economia moral" baseada nos costumes que ponderava o que era justo ou injusto.

1 E. P. Thompson, *The Making of the English Working Class*, 1966.

Eram esses costumes que estavam sendo afrontados pela exploração sem limites de homens, mulheres e crianças na Inglaterra que se industrializava.

Na Inglaterra, já a partir de 1830, havia uma consciência popular disseminada socialmente entre os trabalhadores da nascente indústria acerca da injustiça da exploração a que estavam submetidos. Surgiram então as primeiras associações de trabalhadores e os primeiros sindicatos com número cada vez maior de filiados. Além disso, a partir do reconhecimento crescente da contribuição social das classes trabalhadoras, passou a existir uma pressão política intestina à sociedade, no sentido de ampliação do direito do voto e do sufrágio universal. T. H. Marshall e Tom Bottomore analisam essa trajetória de aprofundamento de garantias e direitos dos trabalhadores, que parecia inexorável, no livro clássico que discute as conquistas sucessivas de direitos civis, políticos e depois sociais pela classe trabalhadora ao longo do século XIX e da primeira metade do século XX.[2]

Na França, em 1871, a radicalidade dos trabalhadores organizados chegou a tomar por três meses o poder de Estado, o grande temor das classes dominantes. Afinal, sem o Estado e sem usar a "violência supostamente legítima do Estado" em seu próprio benefício, é impossível manter a dominação social injusta. Nos Estados Unidos, a partir do final da guerra civil em 1865, formou-se o capitalismo mais dinâmico de que se tinha notícia. No espaço de trinta anos, os Estados Unidos se tornaram a maior potência capitalista do globo. O país fora municiado pela imigração de 35 milhões de europeus e por grandes extensões de terra "livres" – depois do genocídio de indígenas e da guerra imperial e covarde contra o México – interligadas pela então recente malha ferroviária, que unia o país como um todo criando um poderoso mercado interno.

Essa época ficou conhecida como a "era dourada" (*Gilded Age*). Era uma época de grandes investimentos privados que se aproveitavam da infraestrutura estatal criada em seu benefício. Temos aqui toda uma geração de super-ricos, semelhante à claque de bilionários que contou com homens como David Rockfeller e J. P. Morgan, indivíduos com mais dinheiro do

2 Thomas Humphrey Marshall e Tom Bottomore, *Citizenship and Social Class*, 1987.

que muitos países. Em contraposição, foi também nesse período que a classe trabalhadora americana, apesar de ser a mais bem-paga do mundo – precisamente por conta das terras livres que se tornavam uma opção ao trabalhador urbano se suas condições sociais se deteriorassem –, se mostrou muito aguerrida. O número de greves bem-sucedidas aumentava e chegava a contabilizar milhares de mobilizações de trabalhadores em um único ano.[3] O alto ganho dos super-ricos foi sustentado por uma massa de trabalhadores conscientes de seus direitos – eles entenderam que a abundância econômica também deveria se refletir em melhora da qualidade de vida.

Muitos, no entanto, não viam essa história de autossuperação e construção coletiva com bons olhos. A partir da segunda metade do século XIX tivemos a profusão de um tipo de liberalismo antes de tudo preocupado com a proteção constitucional das minorias e seus direitos individuais, os quais deveriam ser protegidos da ação da maioria – ou seja, os trabalhadores organizados. Pensadores como Alexis de Tocqueville, John Stuart Mill e, antes deles, James Madison defenderam a proteção dos direitos individuais contra aquilo que chamaram de ameaça da "tirania da maioria". Madison, um dos pais fundadores dos Estados Unidos, vai defender em *The Federalist Papers*[4] uma estrutura de freios e contrapesos como dispositivo fundamental para a democracia, justamente um arranjo institucional que evitaria essa suposta tirania da maioria.

DO CIDADÃO AO CONSUMIDOR

O liberalismo é uma reação importante à entrada das massas na política e na vida coletiva. Mas havia outra forma de reação, ainda mais radical, que via o avanço dos trabalhadores como um perigo para qualquer forma de organização coletiva. Essa reação foi formulada pelos pensadores elitistas do final do século XIX e da primeira metade do século XX. Alguns dos

3 Leo Panitch e Sam Gindin, *The Making of Global Capitalism*, 2013.

4 James Madison, Alexander Hamilton e John Jay, *The Federalist Papers*, 2014.

nomes mais importantes são o francês Gabriel Tarde e os italianos Gaetano Mosca e Vilfredo Pareto.

A premissa fundamental desses pensadores era a de que as sociedades sempre se digladiam com a separação entre elite e massa. Caberia às elites exercer o poder, por contar com os indivíduos mais aptos, e às massas caberia a obediência, pela suposta incapacidade de refletir autonomamente, inovar ou exercer um controle direto sobre os governos. As massas eram vistas como passivas e sem a capacidade de promover mudanças significativas sem a orientação das elites. Assim, a política seria definida pelo jogo de troca de poder entre as diferentes elites, com novos líderes surgindo e substituindo os antigos.

Talvez o mais importante teórico das elites para nossos propósitos seja Max Weber, por conta de sua extraordinária influência em toda a ciência política "pragmática e realista" posterior, que vai abdicar do esclarecimento das massas em favor da inevitabilidade do domínio pelas elites mais capazes de comando e dominação. Para Weber, o principal mecanismo da política é a "seleção de líderes".[5] Ele admirava o Parlamento britânico, porque acreditava que nele os candidatos a líder tinham de se provar nos embates em plenário, forjando e selecionando os mais capazes.

Estava implícito na estratégia de Weber que as massas não eram racionais o bastante para gerir a via pública, daí a necessidade de bons líderes. Por acreditar que o bom líder era aquele que servia ao país e não a si mesmo, Weber se ocupou em definir o verdadeiro político "por vocação". Mas a seleção dos mais capazes deveria partir dos pares, não do público. É importante ter esse contexto em mente para entendermos algo muito importante: a concepção hegemônica da ciência política de origem americana, hoje hegemônica também globalmente (inclusive no Brasil) ainda persiste diante dessa análise de Weber.

Mais tarde, Joseph Schumpeter, discípulo de Weber, publicaria o livro fundante da forma hegemônica como a política seria compreendida

---

5 Max Weber, *Parlament und Regierung im Neugeordneten Deutchland*, 2011.

a partir de meados do século XX.[6] É quando a democracia passa a ser pensada de modo independente do esclarecimento do público; aceita-se, dessa maneira, a desinformação como regra e pressuposto teoricamente inevitável, e passamos a ter eleições nas quais os candidatos são vendidos como se vendem sabonetes.

Por conta disso, é tão central a ideia de uma esfera pública democrática e pedagógica. O voto não basta para que exista democracia. É necessário que seja consciente e refletido, do contrário significaria dizer que a soberania popular está viciada desde o início. Como todo conhecimento e toda informação isenta são sempre "midiatizados" – depende, portanto, de alguma "mídia" para chegar ao público –, a questão central para a democracia passa a ser a construção de uma esfera pública plural e reflexiva. É preciso haver pluralidade, já que qualquer indivíduo tem de ser exposto a estímulos conflitantes de modo a sopesar argumentos e formar sua própria opinião. Quando não há pluralidade real, temos a esfera pública como "teatro", mera encenação para o público, quase sempre fingindo uma pluralidade e uma isenção inexistentes. A nossa grande imprensa corporativa é um perfeito exemplo desse embuste há mais de cem anos.

Partindo desse estado de coisas, foram formuladas duas respostas conservadoras típicas à suposta "invasão" da esfera pública pela massa de trabalhadores. A primeira é o fascismo de origem europeia, quando a massa de trabalhadores é cindida pelo apoio de muitos trabalhadores a uma causa supostamente nacionalista. A luta contra o imperialismo, marca do comunismo internacionalista, é substituída pelo próprio apoio ao imperialismo nacional (fascismo e nazismo). A outra resposta é o caminho americano, quando o mesmo desafio é respondido pela manipulação da classe trabalhadora de modo a tornar possível a transformação do cidadão em consumidor. Como em quase todos os casos desde o final do século XIX, é a solução americana que tenderá a ser universalizada.

Dois nomes são fundamentais para que possamos compreender todas as nuances importantes deste debate: o filósofo e publicista, considerado

6 Joseph Schumpeter, *Capitalism, Socialism and Democracy*, 2018.

por muitos o mais importante pensador americano, John Dewey; e o jornalista, publicista e cientista político de grande renome Walter Lippmann.

Comecemos pelo último. Lippmann foi uma das figuras mais notáveis do século XX por sua avassaladora influência em toda uma geração de políticos e comunicadores – na imprensa e na publicidade – que se incumbiriam de redefinir a forma como a democracia seria percebida a partir de então. Sua contribuição para a teoria da comunicação e para a ciência política se assenta em uma análise pessimista, ainda que perspicaz, da formação da opinião pública nas sociedades modernas. Suas teorias sobre o "pseudoambiente", os "estereótipos", a "manufatura do consentimento" e o mito do "cidadão onicompetente" fornecem um quadro conceptual poderoso para entender as limitações da percepção individual da mídia, de grande importância para a "fabricação de consentimento" público. Aquilo que Max Weber deixou não tematizado em sua análise da atividade política e sua concepção de democracia baseada na seleção de líderes capazes será aprofundado por Lippmann em termos de psicologia social.

No cerne da teoria de Lippmann[7] está o conceito de "pseudoambiente": os indivíduos não experienciam o complexo mundo social exterior de forma direta e imediata; na verdade, interagem com uma representação mental subjetiva, simplificada e frequentemente enviesada desse mundo. De certa maneira, ele reproduz a revolução copernicana de Kant ao desviar a atenção dos objetos do mundo externo para as precondições subjetivas ancoradas no próprio sujeito. Assim, sua ideia de pseudoambiente é construída a partir de um amálgama de experiências pessoais, representações midiáticas e, crucialmente, estereótipos culturais. Trata-se de um "mundo de imagens, histórias e símbolos" que se interpõe entre o indivíduo e a realidade objetiva, moldando sua percepção e, consequentemente, suas ações. Assim sendo, com muita frequência, as pessoas respondem não aos fatos objetivos, mas a realidades construídas.

7 Walter Lippmann, *Public Opinion*, 2010.

Os meios de comunicação de massa desempenham um papel central e ativo na construção desse pseudoambiente. Atuam como "guardiões" (*gatekeepers*), selecionando quais eventos e questões merecem atenção. O próprio mecanismo de seleção midiático das questões consideradas importantes já é o primeiro passo fundamental da construção de pseudoambientes e estereótipos do público passivo. Assim, em grande medida, a representação que os indivíduos fazem do mundo social advém da eficácia da pregação midiática controlada pelo dinheiro.

Intimamente ligado ao conceito de pseudoambiente está o de "estereótipos". Lippmann os definiu como uma imagem distorcida, não baseada na experiência pessoal, mas derivada culturalmente. Ele reconhecia que os estereótipos funcionam como atalhos cognitivos necessários para lidar com a complexidade avassaladora do mundo. Sem essas simplificações, seria impossível processar a miríade de informações a que estamos expostos. No entanto, Lippmann via os estereótipos predominantemente de forma crítica, como "pontos cegos" e obstáculos ao pensamento crítico e ao julgamento racional. Eles perpetuam concepções errôneas, limitam a compreensão e são reforçados continuamente pela mídia e pelas normas sociais. Para Lippmann, os estereótipos não eram meros preconceitos individuais, mas construções culturais que dificultavam uma apreensão clara da realidade.

Lippmann introduziu a expressão "manufatura do consentimento" para descrever o processo pelo qual o acordo público pode ser engendrado a partir da comunicação estratégica e da propaganda, especialmente por aqueles que controlam o fluxo de informação. Sua experiência durante a Primeira Guerra Mundial, observando os esforços de propaganda do Committee on Public Information (CPI), influenciou profundamente essa crítica. Ele via esse processo como uma forma pela qual interesses poderosos podiam moldar a opinião pública, muitas vezes contornando a deliberação racional e informada.

Woodrow Wilson foi eleito presidente dos Estados Unidos em 1916 prometendo se manter neutro na Primeira Guerra Mundial – ainda que desejasse envolver o país no conflito. Lippmann, que era seu conselheiro, recomendou a criação de um comitê de propaganda para reverter a opinião pública americana a respeito da guerra. O sucesso do experimento foi estrondoso: depois de seis meses de propaganda pintando os alemães como bárbaros e assassinos de criancinhas, não só o público, antes pacifista, mudou radicalmente como até Beethoven foi proibido de ser tocado pelas orquestras do país. A elite dos Estados Unidos enfim aprendeu como domesticar o trabalhador americano, tão aguerrido, e transformá-lo em um consumidor passivo. Liberdade e participação política seriam trocadas por segurança material.

A manufatura do consentimento, no seu entender, era um sintoma de uma democracia em crise, em que a informação genuína era suplantada pela persuasão dirigida. É importante notar que, embora analisasse como o consentimento *podia* ser manufaturado, identificando os mecanismos de manipulação de símbolos, a intenção de Lippmann era primariamente crítica e diagnóstica, alertando para os perigos que tal processo representava para a governação democrática.

A influência de Lippmann como criador da noção de fabricação do consentimento vai ser decisiva para o capitalismo e para a democracia americana após 1920. A partir daí, ganha impulso não só a concepção instrumental de democracia que se torna dominante para a ciência e para o público, mas também o campo da propaganda e das relações públicas no sentido moderno. Edward Bernays, sobrinho de Sigmund Freud por parte de mãe, e que havia participado do comitê Creel de Wilson então com apenas 26 anos, explicitamente vai se apoiar nas ideias de Lippmann no seu trabalho seminal: uma construção da propaganda como principal arma da manipulação política e consumista da população. É com Bernays que a manipulação midiática passa a ser celebrada e não lamentada, como, em certa medida, ainda acontece com Lippmann. Finalmente, a propaganda escancarada e manipuladora podia redefinir toda a noção de esfera pública e de democracia que se tinha até então.

O sucesso de Bernays foi estrondoso. A "ciência" era usada pela primeira vez em grande escala como mecanismo de legitimação da manipulação do público indefeso. Um, entre inúmeros exemplos, ilustra seu *modus operandi*. A soldo de uma companhia que produzia bacon que queria ampliar seu mercado consumidor, Bernays pagou 4 mil médicos, de todos os lugares dos Estados Unidos, para que afiançassem que bacon com ovos era o mais perfeito café da manhã para a saúde, e mudou, assim, a percepção do público. Ele conseguiu construir a ideia de desjejum mais tipicamente americana e aumentar exponencialmente as vendas do produto. Entrevistado sobre o sucesso de sua campanha, Bernays respondeu cinicamente: "Se o seu médico aconselhar o consumo de bacon, você vai comer, gostando ou não." A partir daí, a classe médica se torna um suporte essencial de campanhas publicitárias para os mais variados produtos – tendo ou não relação verdadeira com a saúde dos pacientes.

Se Lippmann lamentava a vulnerabilidade do público, Bernays transformou essa mesma vulnerabilidade na sua maior arma, vangloriando-se da manipulação bem-perpetrada, representando perfeitamente o cinismo típico das novas elites funcionais do capitalismo.

Mas Bernays não apenas consagrou a manipulação mais descarada das vulnerabilidades do público consumidor para vender mais produtos. Em 1954, ele prefigura o uso imediatamente político da manipulação midiática ao promover, com afirmações falsas espalhadas pela imprensa, o primeiro golpe de Estado na América Latina realizado pela CIA.

A companhia United Fruits, que monopolizava o comércio de frutas tropicais da América Latina, contrata seus serviços para engendrar uma campanha nacional contra a nacionalização das terras da empresa na Guatemala. Bernays logo engaja toda a mídia americana, com a qual mantinha uma íntima relação construída em décadas de amizade e troca de favores, que passa a tratar o presidente nacionalista guatemalteco Jacobo Árbenz como um perigoso comunista. Com o êxito da campanha, a CIA entra em cena para derrubar o presidente eleito e jogar o pequeno país latino-americano em uma guerra civil que durou décadas e matou mais de 250 mil pessoas.

O que hoje chamamos de "fake news", como se fosse algo novo, na verdade existe desde sempre, e o projeto da "fabricação de consentimento", iniciado nos anos 1920, acabou transformado em sua principal arma. A atuação de Edward Bernays mostra a todos que a propaganda pode conduzir a opinião pública por meio de símbolos e ideias do mesmo modo que um comandante militar comanda seus soldados fisicamente por meio de ordens.

Precisamente como Walter Lippmann havia imaginado, a propaganda bem-construída pode criar novos "estereótipos de comportamento" que guiam de forma inconsciente e pré-reflexiva – ou seja, sem defesa consciente possível – o comportamento do grande público. É possível dizer aos outros o que se deve comer de manhã e como suas aspirações políticas podem ser representadas por hábitos de consumo. Aqui se prenuncia a capacidade antropofágica do capitalismo de engolir e mastigar a crítica, potencialmente dirigida contra si mesmo, e digeri-la para depois cuspi-la sob a forma de novos hábitos de consumo.

O capitalismo, muito especialmente o americano, aprende que a ciência, as ideias, a arte e a imaginação – as matérias-primas da esfera simbólica – podem ser os aspectos principais para sua perpetuação e sua capacidade de "convencimento" do público, mesmo entre aqueles economicamente explorados por essa mesma ordem. Desde que atuando em conjunto e de modo coordenado, é isto que a elite americana aprende: a esfera simbólica das sociedades modernas pode se tornar, ao mesmo tempo, uma fábrica de novos negócios e uma fábrica de consentimento de um público indefeso.

Para esse fim, as etapas na cadeia produtiva de bens simbólicos devem atuar em uníssono: 1) a ciência, acima de tudo, com seu prestígio de instância que cuida da verdade e do conhecimento, formando todas as elites universitárias mundiais de acordo com um paradigma veladamente racista e comum; 2) a indústria cultural e de entretenimento, desenvolvendo clichês e estereótipos racistas e xenófobos, além de fórmulas escapistas e conformistas de expressão artística em escala mundial; e, *last but not least*, 3) a esfera da propaganda e da imprensa comercial, colonizando os sonhos e ansiedades do público de modo a transformá-lo em consumidores dóceis e manipulados.

A ideia-força que serve como fundamento implícito de toda essa estrutura simbólica era a velha ideia de Walter Lippmann de que as massas são inaptas a pensar por si mesmas, que ele professava com certa melancolia e dor, como que lamentando que assim fosse. Edward Bernays, nesse sentido, é não apenas o pioneiro de uma nova espécie de capitalismo baseado na produção do consentimento por meio da manipulação consciente como também um novo tipo humano da "elite funcional" do capital. Diferentemente de Lippmann, ele apresentava o cinismo típico de quem sabia exatamente o que estava fazendo, orgulhoso e envaidecido por seu trabalho de manipulação bem-realizado. Exatamente como o tipo social que passamos a encontrar a partir de então e que hoje inunda tanto o mundo financeiro quanto o mundo político, assim como o complexo propaganda/imprensa.

Também nesse sentido Bernays é um pioneiro. Ele antecipa um *habitus*, ou seja, uma forma de ser, sentir e ver o mundo de maneira peculiar e compartilhada, que se tornaria o modo de ser específico da nova elite funcional do capitalismo em todo o mundo. A "elite do cinismo" que irá comandar a política e os negócios americanos encontra nesse *habitus* compartilhado o segredo do perfeito entendimento que nem ao menos precisa ser mediado por palavras.

AFINAL, O QUE É UMA DEMOCRACIA?

O ponto central do libelo de Walter Lippmann é a denúncia da concepção do que poderíamos chamar de "noção ética da democracia" como uma mera ilusão. Os teóricos clássicos da democracia do século XVIII enxergaram na democracia a possibilidade de fazer valer a vontade popular como base da soberania e de todo poder legítimo. A relação ética é simbolizada aqui pela ideia de que os assuntos públicos podem e devem ser objeto de escrutínio da maioria. E é apenas a pressuposição fática desse escrutínio que garante legitimidade para o exercício de todo poder social e político.

A entrada das massas trabalhadoras na política a partir de 1830 já pontua para muitos, como vimos anteriormente, uma desilusão contra esse princípio. Mas é no início do século XX, com o advento dos órgãos de comunicação, que uma concepção meramente instrumental da democracia ganha força inaudita. Gente como Gaetano Mosca, Vilfredo Pareto, Max Weber, Walter Lippmann e, um pouco mais tarde, Joseph Schumpeter, que colocou a noção meramente instrumental da democracia no centro da ciência política americana e mundial que se tornariam hegemônicas.[8]

O ponto central aqui, que Lippmann vai desenvolver e aprofundar como nenhum outro, é o da suposta incapacidade do público, tanto cognitiva quanto emocional, de perceber e compreender os temas centrais de todo debate público. Tal fragilidade, como reconhece Lippmann, será impiedosamente manipulada e usada pela imprensa privada para criar uma realidade virtual a serviço dos interesses dominantes. Ao fim e ao cabo, a democracia é reduzida à mera seleção de líderes tidos como os mais capazes e que, por conta disso, devem governar em nome de um público percebido como incapaz de reflexão autônoma. O lugar específico de Lippmann nessa discussão se deve ao fato de que ele constrói toda uma psicologia social e política destinada precisamente a esclarecer as razões da vulnerabilidade cognitiva e emocional do público.

Lippmann, porém, não teve apenas seguidores, mas também oponentes de altíssimo nível intelectual, como o filósofo pragmático John Dewey, considerado por muitos o maior pensador americano de todos os tempos. O que mostra a importância da influência de Lippmann é que o principal livro de Dewey, *The Public and Its Problems*,[9] é um debate direto e explícito com as ideias seminais de Lippmann. E é aqui que o papel da mídia se destaca como uma questão central. Lippmann afirmou que a mídia simplifica e muitas vezes distorce eventos complexos, influenciada por fatores como publicidade e a necessidade de notícias convenientes. Essa crítica à imprensa enfatizava seu papel na formação dos "pseudoambientes" e suas consequentes limitações em informar adequadamente o público. Diante dessas limitações, Lippmann defendeu um papel mais significativo para os especialistas, uma "classe especializada" na orientação da política pública. Ele acreditava que esses indivíduos contavam com o conhecimento e as habilidades analíticas necessárias para tomar decisões informadas no

8 Joseph Schumpeter, *op. cit.*, 2018.

9 John Dewey, *The Public and Its Problems*, 2024.

interesse público – ideia muito próxima da que Max Weber defendia. Essa inclinação elitista sugere uma crença de que a governança eficaz requer a atribuição de poder àqueles com conhecimento especializado, limitando o papel da participação pública direta.

Além disso, Lippmann também desenvolveu o conceito de "fabricação do consentimento", sugerindo que a opinião pública costuma ser moldada e direcionada por elites a partir da propaganda e do uso estratégico de símbolos. Essa ideia levanta preocupações sobre o potencial de manipulação da vontade pública em uma democracia, sugerindo que o que parece ser apoio popular às políticas pode ser o resultado de narrativas cuidadosamente elaboradas para tal fim, em vez de compreensão e consentimento genuínos. Por fim, ele enfatizou que o objetivo principal da democracia não é necessariamente a autogovernança direta, mas a obtenção de bons resultados e uma sociedade estável, o que poderia justificar um papel mais limitado para o público.

Em contraste com a visão de Lippmann, John Dewey apresentou uma defesa robusta da democracia participativa, detalhada principalmente em *The Public and Its Problems* e *Democracia e educação*. Dewey sustentava uma crença fundamental no potencial da inteligência pública e na importância da democracia participativa como um ideal ético e um meio para o crescimento tanto individual quanto social. Essa visão otimista sobre as capacidades do público se opunha diretamente ao ceticismo de Lippmann. Dewey via a democracia não apenas como um sistema político, mas também como um modo de vida que promove o florescimento humano por meio da participação coletiva.

Além disso, Dewey enfatizou o papel decisivo da educação como um elemento para desenvolver uma cidadania capaz. Para ele, a educação deveria ter como objetivo socializar os alunos em um modo de vida democrático, desenvolver suas habilidades de pensamento crítico e fornecer-lhes as oportunidades para realizar seu potencial por meio da participação na vida política, social e cultural. Para Dewey, a educação não se trata apenas de transmissão de conhecimento, mas cultivo de hábitos mentais e de habilidades sociais necessários para uma cidadania democrática ativa e informada. Isso espelha sua profunda crença no poder transformador da educação para fortalecer a democracia.

O filósofo também ressaltou a importância da comunicação, do debate público e da interação social para a formação da opinião pública e o desenvolvimento de uma compreensão compartilhada de interesses comuns. Dewey acreditava que, a partir de uma comunicação aberta e livre, o público poderia superar as limitações identificadas por Lippmann e trabalhar coletivamente para identificar e abordar os problemas sociais.

Dito de outro modo, os pseudoambientes de Lippmann, assim como os estereótipos que produzem (o que retirava a possibilidade de reflexão autônoma do cidadão), foram criações produzidas pelo entorno dominante e poderiam ser, portanto, refeitas pelos cidadãos bem-informados e bem-educados. As supostas incapacidades do público não eram uma necessidade inevitável. Isso sublinhava sua fé no poder do diálogo e da deliberação racional em uma sociedade democrática.

Dewey concebia o "público" como uma criação emergente que surge de experiências compartilhadas e do reconhecimento de consequências comuns, em vez de uma entidade preexistente com características imutáveis. Essa perspectiva sugere que o público não é uma entidade fixa ou inerentemente falha, mas algo que pode ser formado, refeito e fortalecido por meio da interação social, do debate público plural e da consciência de preocupações compartilhadas sobre a vida coletiva.

No que diz respeito ao papel dos especialistas, Dewey acreditava que sua função é realmente decisiva, mas em um sentido muito distinto da percepção de Lippmann. Em vez de substituir o público na tomada de decisões, os especialistas deveriam informar e facilitar a discussão e a tomada de decisões públicas, e não substituir o público na governança. Ele via os especialistas como valiosos recursos para o público, fornecendo conhecimento e insights para auxiliar na resolução coletiva de problemas – mas, em última análise, a autoridade para a tomada de decisões deveria residir no julgamento informado do público.

Praticamente todas as questões fundamentais que ainda hoje nos desafiam com respeito à sobrevivência da democracia contemporânea já estavam prefiguradas no debate Lippmann-Dewey. As redes sociais nada acrescentam de novo à ameaça da colonização da democracia pelo dinheiro, apenas aprofundam os problemas e complexificam e dificultam os remédios. No entanto, para uma perfeita exposição do que é perdido na noção instrumental de democracia, é necessário examinar também as ideias seminais de Jürgen Habermas acerca da categoria de esfera pública, talvez a noção central de toda a sociologia e a filosofia habermasianas. Nesse trajeto, Habermas segue e aprofunda várias das formulações de John Dewey.

O SIGNIFICADO E A IMPORTÂNCIA DA ESFERA PÚBLICA

Talvez nenhum outro pensador contemporâneo possa nos ajudar a compreender o que é perdido, em termos de evolução social, no ataque à democracia que vivemos hoje do que o grande filósofo alemão Jürgen Habermas. Seu grande desafio como pensador foi elaborar o que ele chamava de "ambivalência do capitalismo" ou do desenvolvimento ocidental. Ele se referia tanto à crítica totalizante que a Escola de Frankfurt havia feito ao capitalismo como às obras de Theodor W. Adorno e Max Horkheimer, bem como à crítica marxista que não dispunha dos meios teóricos adequados para compreender o próprio comportamento da classe trabalhadora em tempos de fascismo e autoritarismo.

Embora concordasse com o núcleo das críticas do marxismo e das gerações anteriores da Escola de Frankfurt à sociedade moderna, Habermas se esforçou para compreender o que era exatamente perdido nesse ataque comandado pelo lucro e pela acumulação de capital. Qual o real estrago causado pela colonização do dinheiro de todas as outras esferas sociais? Não havia, até então, uma resposta clara e convincente. Responder a esse desafio foi o fio condutor da obra habermasiana por décadas. Perceber a ambivalência do desenvolvimento capitalista ocidental significa poder separar o joio do trigo de modo a compreender, portanto, o que é um real processo de aprendizado social e coletivo e o que é simples dominação e manipulação ideológica.

Nenhuma teoria social ou filosófica anterior dera conta de resolver a questão, muitas vezes nem sequer percebida como a mais importante.

Foi por isso que Habermas criou o conceito de "esfera pública", a dimensão social responsável pela "possibilidade" de aprendizado coletivo. A ideia aqui é perceber a sociedade moderna não apenas pela formação do mercado capitalista competitivo e pelo Estado centralizado, na esteira da diferenciação entre os vários campos sociais, mas também pela invenção daquilo que ele chama de esfera pública. Se o mercado é o campo social da acumulação de capital e do lucro tornado infenso às avaliações morais, e o Estado centralizado é a instância reguladora da sociedade como um todo, dado seu monopólio da violência legítima, o que seria então uma esfera pública? Qual seria a sua singularidade? Por que é decisiva para compreender a vida democrática?

Já em sua tese de livre-docência de 1962 intitulada *Mudança estrutural da esfera pública*,[10] Habermas avança em uma reconstrução histórica desse conceito. Toda a sua carreira posterior vai ser dedicada à fundamentação sociológica e filosófica do significado desse advento. A reconstrução histórica é fundamental, pois fornece a base empírica para a compreensão dessa invenção histórica única e original. As categorias de público e de privado nos foram legadas pelos gregos por meio da influência de Roma. A oposição entre essas categorias, para os gregos, era baseada, por sua vez, na oposição entre *oikos*, o reino da reprodução da vida e do trabalho (escravizado), e a Pólis, a arena em que os cidadãos livres lutam entre si pelas distinções sociais honoríficas, ou seja, o espaço de reconhecimento social da esfera pública.

Na Idade Média, contudo, a distinção entre o público e o privado perde a razão de ser. O domínio do senhor feudal se dá de tal modo em todas as esferas que as duas categorias formam uma indistinguível unidade. O público então se resumia a uma forma de "representação pública" no sentido teatral do termo, ou seja, não se tratava de uma representação do povo, mas simplesmente de uma representação "perante o povo".

10 Jürgen Habermas, *Die Strukturwandel der Öffentlichkeit*, 1975.

A importância das insígnias, do vestuário e das etiquetas de comportamento atesta precisamente esse estado de coisas. Com a centralização dos Estados nacionais temos uma paulatina substituição da representação do domínio fundiário dos nobres em favor da representação do monarca. A partir da dissolução paulatina dos poderes feudais, como a nobreza, a Igreja e a realeza, há uma volta da cisão entre os elementos privado e público.

O primeiro destaque nesse contexto é a privatização da fé. A liberdade de confissão, duramente conquistada em guerras sangrentas, marca a primeira forma de liberdade privada no alvorecer da modernidade. Como sempre acontece, a conquista de uma liberdade em um campo particular enseja o seu aprofundamento em todas as outras esferas da vida. Habermas percebe o nascimento de uma esfera privada de sujeitos com opinião como a semente da esfera pública na qual a sociedade debate seus principais problemas. Essa esfera pública burguesa que nasce na segunda metade do século XVIII deve ser compreendida, antes de tudo, como a esfera das pessoas privadas com opinião própria reunidas em um público.

Uma esfera pública de conteúdo não estatal nasce com a mudança de função da imprensa desde uma atividade meramente informativa (e manipulativa) do que interessava ao Estado divulgar em favor de uma concepção da imprensa como instrumento de um fórum apartado do Estado. Esse fórum de pessoas que debatem e julgam permite a formação de uma esfera pública crítica que introduz a questão da legitimação discursiva do poder estatal.

A partir de então, o que é percebido como público e de interesse geral precisa se provar como tal. O conceito paradoxal de "despotismo esclarecido", dominante nessa época, reflete precisamente a formação de um poder político, que, embora ainda ligado a formas tradicionais de legitimação do poder, precisa agora comprovar discursivamente a validade pública de suas decisões. Burocratas do Estado recém-centralizado, profissionais liberais, pastores, professores, estudantes, ou seja, o público que lê, formam a base dessa nova esfera social.

Antes de assumir funções políticas, no entanto, o processo de autocompreensão das pessoas privadas assume a forma literária de trocas de experiências sobre a nova privacidade. Essa esfera pública literária não é originariamente burguesa, mas sim uma herança da aristocracia cortesã transmitida à vanguarda da burguesia que mantinha relações com o "mundo elegante".

Com o advento dos cafés e salões de leitura e debate, a "cidade", construída a partir do processo de urbanização e industrialização oitocentista, vai permitir a institucionalização de uma esfera pública de conteúdo novo. Os herdeiros burgueses do humanismo aristocrático logo passam a conferir "caráter crítico" às suas conversações sociais engendrando um elemento novo ao capitalismo moderno: a esfera pública burguesa.

Para Habermas, a partir da segunda metade do século XVIII, as formas dramatúrgicas e literárias dominantes assumem um contorno especificamente burguês, como no teatro burguês e no romance psicológico que também nasce nessa época. Essas novas formas possuem um caráter único: tematizar, compreender e debater a nascente subjetividade especificamente burguesa em seus dramas e contradições. A esfera privada da família nuclear burguesa se aparta tanto da família camponesa quanto da família da nobreza. Essa família burguesa que se privatiza e se afasta do público corresponde, inclusive, às novas formas arquitetônicas que se destinam a garantir a individualidade e a privacidade de seus membros, como os quartos de dormir para cada membro da família.

A esfera pública literária dos indivíduos privados mantém uma conexão profunda e orgânica com a esfera pública política. No entanto, e de modo ainda mais fundamental para nossos fins, o público literário implica uma "igualdade" das pessoas cultas com opinião, indispensável para a legitimação do processo básico da esfera pública, que é a "discussão baseada em argumentos". Ou seja, o pressuposto para que exista uma esfera pública autônoma é a possibilidade de uma força interna à comunicação argumentativa, que exige a desconsideração de fatores sociais externos a ela, como privilégios e regalias. Isso confere à opinião pública assim construída o sentido da força nascida do melhor argumento, como diz Habermas – o que reflete, portanto, a demanda de uma forma de racionalidade moralmente pretensiosa que deseja unir a verdade à justiça.

Habermas vê no advento da esfera pública burguesa a construção de uma terceira instituição fundante da sociedade capitalista ocidental. Além da constituição de um mercado econômico capitalista e de um Estado burocrático e centralizado, dá-se também a constituição de uma esfera pública baseada em argumentos que se constrói para se contrapor à dominação estatal e capitalista. Essa é a contribuição máxima de Habermas para o debate científico e político da modernidade.

O que Habermas chama de "mudança estrutural da esfera pública", ocorrida a partir de fins do século XIX, tem a ver com a mudança estrutural da principal instituição da esfera pública: a imprensa. A imprensa se transforma de mero mediador, enquanto continuidade e resultado das opiniões do público pensante, em instrumentos dos interesses privados "como se fossem públicos". Isso reflete a forma de uma empresa capitalista como qualquer outra, que visa ao lucro e não mais à pedagogia do público, que a imprensa assume.

O objetivo da imprensa, e da indústria cultural que se constitui no mesmo período histórico, passa a ser fazer com que a propaganda dos interesses comerciais privados "apareça" para o público como um apelo à consciência livre e crítica, assumindo sempre a forma aparente do suposto interesse geral. É isso que torna tão difícil reconhecer o caráter privado desses interesses.

A publicidade passa a viver da impossibilidade de distinção entre o papel do cidadão e o do consumidor. Aqui fala Habermas de uma "refeudalização" da esfera pública no capitalismo maduro. Publicidade não significa mais a produção pública de opiniões por pessoas privadas no espaço público, mas sim a produção, para um "público", de opiniões privadas como se fossem públicas. Como as empresas privadas se dirigem ao público sugerindo no consumidor a consciência do cidadão, a esfera pública e o Estado começam a se dirigir aos seus cidadãos como se estes fossem consumidores.

Paralelamente à comercialização da comunicação pública, comandada pela imprensa privatizada, temos também aquilo que Adorno e Horkheimer chamavam de "indústria cultural". Tal indústria é pura e simplesmente a aplicação da lógica capitalista também para a produção e comercialização de bens simbólicos. Para o capital não existe diferença entre uma salsicha ou uma obra de arte. O cinema, o teatro, a literatura e a arte em geral agora também são produtos exclusivamente vendidos para maximizar o lucro, não mais para informar ou estimular a reflexão do indivíduo.

Como resultado temos aquilo que Georg Simmel[11] chamava de redução de todas as qualidades às quantidades – no caso, a quantidades de dinheiro. Para que se possa universalizar o consumo de bens culturais, eles têm de ser, agora, superficiais e de fácil consumo, perdendo aquilo que os faz únicos e singulares, que é o estímulo à reflexão, à autonomia de pensamento e à autodescoberta. Agora a mercadoria cultural precisa descer ao nível cultural mais baixo, pois assim se vende mais e para mais gente. Essa degradação também ajuda a transformar o cidadão em consumidor. Juntas e combinadas por cadeias de influência recíproca, tanto a imprensa venal quanto a indústria cultural apontam para o mesmo objetivo: degradar o cidadão a ponto de torná-lo um mero consumidor, para o qual se produz artificialmente uma esfera pública aclamatória e não mais crítica e deliberativa.

Habermas não acredita que se possa retroceder à esfera pública liberal do século XVIII, que mantinha a racionalidade ao custo de sua não universalidade. O desafio agora teria que se localizar em uma luta entre organizações poderosas, uma luta que possa contrabalançar o peso do dinheiro. Evitar a "colonização da esfera pública" pelo dinheiro – como Habermas defenderia mais tarde em sua obra máxima *Teoria da ação comunicativa* – passa a ser a luta política principal.

Foi essa ideia e a visão da necessidade inexorável dessa luta política que permitiram criar o sistema público de imprensa e informação na Alemanha e na Europa do pós-guerra.

É importante anotar: sistema público não é sistema estatal. Não são as emissoras de TV e rádio do "Estado" que garantiriam a pluralidade de informações e opiniões. Dependendo do governo do dia, poderia se transformar exatamente no seu contrário. O sistema público implica incluir todas as correntes de opinião importantes na sociedade, que se contrapõem

11 Georg Simmel, *Grundfragen der Soziologie*, 2010.

umas às outras por interesses opostos, e deixar que se realize um acordo sobre o conteúdo e a forma das informações e dos produtos culturais.

Seria, adaptando ao caso brasileiro, como se reuníssemos na mesma mesa da diretoria os evangélicos, os umbandistas e os católicos, o pessoal do MST e o do agronegócio, os banqueiros e os bancários etc. A única solução possível aqui é a pluralidade de visões e opiniões. E é precisamente a partir da pluralidade de argumentos que se contradizem que o cidadão pode construir refletidamente sua própria opinião. É absolutamente incompreensível que a luta por um sistema de comunicação pública jamais tenha sido uma pauta importante da "esquerda" entre nós. Grande parte do problema que enfrentamos hoje advém, precisamente, dessa cegueira.

O que Habermas percebe, como nenhum outro, é que a sociedade capitalista e burguesa não reflete apenas a dominação de formas políticas e econômicas embutidas no Estado centralizado e no mercado competitivo. Ela também reflete um "dado positivo", na perspectiva democrática e igualitária, que é a construção de uma institucionalidade nova, que não existia antes e espelha não a força manipuladora do dinheiro e do poder, mas a força interna do melhor argumento. Esta será a senda da filosofia e sociologia de Habermas durante toda a sua profícua vida: compreender a "ambivalência constitutiva" da sociedade capitalista ocidental que implica tanto perdas quanto ganhos para a formação de uma sociedade democrática.

Todas as obras posteriores de Habermas serão um aprofundamento de sua análise da nova racionalidade especificamente moderna que ele percebe na esfera pública pedagógica, desde que protegida da ação deletéria da influência do dinheiro e do poder. É fundamental que compreendamos aqui todo o alcance da crítica habermasiana para sabermos o que está em jogo realmente na luta política na qual estamos inseridos desde os inícios do capitalismo até o contexto em que vivemos hoje em dia: como pensar uma alternativa para uma sociedade tecnificada e monetarizada que reprime e reduz o espaço da consciência autônoma?

Jürgen Habermas transcende toda a crítica social anterior ao perceber a dualidade e a ambiguidade constitutiva da moderna sociedade ocidental.

Contra Karl Marx, e contra a filosofia da história implícita do marxismo, ele não acredita no poder libertador do progresso técnico e científico. Max Weber, por um lado, já havia mostrado que a razão instrumental capitalista penetra em todas as esferas da vida, inclusive na técnica e na ciência. Habermas, por outro lado, defende, contra Weber, a ideia de uma racionalidade moral reflexiva, que não se confunde com a razão instrumental, como uma conquista especificamente moderna. E, finalmente, contra a Escola de Frankfurt, temos a ideia de que a sociedade moderna apresenta uma normatividade inscrita no próprio objeto de análise, podendo assumir, portanto, a forma de uma crítica imanente.

Nas suas obras de maturidade, Habermas passa a denominar o tipo de racionalidade alternativa e não instrumental, que ele percebe no espaço público normativo e emancipador, de "ação comunicativa". Para que ela seja possível, é necessário um espaço de reflexividade argumentativa que permita que a força do melhor argumento floresça. Continuam existindo à força do dinheiro, da violência, da fraude e do poder, mas agora há um contraponto, o qual, em momentos de mudança, pode ser decisivo. E é precisamente o desaparecimento desse contraponto normativo que estamos sob risco de perder hoje. Habermas nos ajuda a compreender o que "estamos perdendo" com o atual ataque ao florescimento de uma ação comunicativa em todos os lugares.

Sua ideia central, que permite ver o que efetivamente está sob ataque atualmente, é a de uma solidariedade pós-tradicional como conquista apenas possível em uma sociedade moderna. A moralidade deixa de estar referida a contextos religiosos, que tornam tabu o questionamento da ordem social. Agora essa moralidade passa a se referir à possibilidade de aprendizado individual e coletivo a partir do diálogo por meio de um debate público cujas reivindicações de valor precisam ser fundamentadas e criticadas. Veremos a seguir, no exemplo da "revolução expressiva" dos anos 1960 e 1970, como essa nova racionalidade funciona e produz frutos inéditos e revolucionários. Sob esse pano de fundo, poderemos compreender melhor o cerceamento dessa racionalidade pela vingança dos super-ricos a partir dos anos 1980 e que ainda hoje nos atormenta.

2. A REVOLUÇÃO EXPRESSIVA (1960-1980)

A GRANDE REVOLUÇÃO DO SÉCULO XX

A defesa teórica de Jürgen Habermas em favor de uma esfera pública e de uma imprensa plural reflete transformações profundas que impelem a Europa, assim como o mundo inteiro em certa medida, a mudar radicalmente a forma de sociedade dominante logo depois da Segunda Guerra Mundial. Uma guerra de destruição inaudita, com base no ódio racista e no uso da força contra países incapazes de se defender, estimula uma mudança de paradigma fundamental: por um lado, a estigmatização universal de toda forma de racismo aberto; por outro lado, o fomento à educação e a esfera pública plural como forma de prevenir ambientes autoritários e antidemocráticos.

Parecia que o mundo finalmente havia decidido acabar com as fontes de descontentamento e opressão social que causavam as guerras. E os remédios pensados para isso refletiriam precisamente as preocupações de John Dewey e Jürgen Habermas que elencamos anteriormente: apenas a educação democrática e uma imprensa pública infensa ao dinheiro eram vistas como remédios adequados para produzir tal efeito. O cidadão refletido e consciente é a matéria-prima fundamental de toda democracia; o resto é secundário e mera consequência. A autonomia individual para decidir qual tipo de vida se quer seguir é aqui o pressuposto mais importante. Como diria Habermas, sem uma esfera privada atuante e rica, não podemos ter esfera pública livre e argumentativa.

A partir dos anos 1960, podemos perceber claramente o impacto revolucionário dessas reformas. Depois de vinte anos de ensino de qualidade para os jovens e de uma esfera pública plural que permitia a discussão e o debate público das grandes questões sociais, temos nada mais nada menos que a segunda grande revolução de consciência do Ocidente nos últimos quinhentos anos.

"Revolução de verdade" ocorre apenas com a mudança de consciência ou imaginário social dominante. Dito de outro modo: revolução verdadeira só existe quando a sociedade consegue deslanchar processos contínuos de aprendizado coletivo. As revoluções violentas, como a francesa, de 1789, ou a russa, de 1917, mais tarde foram incapazes de produzir esse aprendizado, com frequência significando a mera substituição de estruturas oligárquicas. O Antigo Regime é restaurado poucos anos depois da Revolução Francesa. E as relações autoritárias da época dos tzares retorna à União Soviética sob a forma de uma dominação burocrática. As revoluções de consciência, ao contrário, mudam a forma como o povo percebe e interpreta a vida social como um todo, transformando assim, a partir de dentro, todas as relações sociais.

A primeira grande revolução de consciência do mundo moderno, no seu alvorecer, foi a Reforma Protestante, que pavimentou o caminho para estruturas democráticas seculares. A crítica protestante à hierarquia religiosa significou o ataque a qualquer forma de hierarquia secular também – tanto que, apenas dez anos após as teses de Martinho Lutero, os camponeses alemães protestantes realizaram a maior revolução camponesa de que se tem notícia.

A valorização protestante do trabalho como sagrado é decisiva para a ideia de democracia moderna – antes o trabalho era visto como coisa de servos, escravizados e gente considerada inferior. O protestantismo valoriza precisamente o trabalho cotidiano bem-feito como "sagrado", o caminho dourado para a salvação. O sagrado, agora, era uma esfera da qual todos podiam participar e auferir reconhecimento social universalizado pelo trabalho bem-feito e executado.

A afirmação da importância central do trabalho vai permitir o reconhecimento de classes sociais inteiras que, como os operários e os camponeses, eram vistas como inferiores e criadas apenas para servir. A ideia moderna de cidadão, da universalização de direitos e, portanto, de democracia é inseparável da revolução protestante. É a possibilidade aberta por essa revolução – de reconhecimento social universalizável, a partir da centralidade da questão do trabalho produtivo em prol do bem comum – que abre a possibilidade de universalização da categoria da "dignidade" de todos aqueles que trabalham. Agora, todos podemos ser dignos, não sendo a dignidade mais atributo exclusivo dos nobres. Foi a luta pela "dignidade" da classe trabalhadora que criou e universalizou, nos últimos duzentos anos, a "possibilidade" dos direitos civis, políticos e sociais para todos.

Nesse sentido, o que acontece depois da Segunda Guerra Mundial pode ser considerado a segunda grande revolução de consciência do mundo ocidental moderno em quinhentos anos. É uma revolução única porque muda o paradigma de como tanto a vida individual quanto a vida social devem ser levadas adiante. O dado principal é a entronização de um paradigma não produtivista pela primeira vez na história. Mulheres e homens não são mais definidos meramente por sua capacidade de trabalho como na revolução protestante.

Em outras palavras, a "dignidade" conferida pelo trabalho útil não basta. A ênfase na produtividade do trabalho rotineiro e repetitivo deixa de ser, do ponto de vista do indivíduo, a questão principal ou até a única questão importante. A superação do paradigma produtivista não está atrelada às opções ideológicas então dominantes, como capitalismo e socialismo, visto que ambas são produtivistas e concordam, portanto, no ponto principal.

Entre os especialistas, tal revolução ficou conhecida como "revolução expressiva",[1] por conta de sua herança romântica no sentido de enfatizar a

1 Charles Taylor, *Sources of the Self*, 1985.

autodescoberta do indivíduo acerca de quem ele é. Aqui temos o núcleo de toda a questão: o ser humano deixa de ser definido "de fora para dentro", exclusivamente pela contribuição de seu trabalho para o bem comum, que é o que caracteriza o paradigma produtivista, e passa a ser definido de "dentro para fora". A revolução não para por aí. Isso acarreta também o fato de que responder à questão central acerca de quem nós somos significa adotar a perspectiva da primeira pessoa. Afinal, quem sou eu? Essa é a questão mais importante.

Compreender quem nós somos, por sua vez, não é nem nunca foi tarefa fácil. Isso coloca pela primeira na história a questão da reconstrução e da articulação narrativa da própria identidade como a questão suprema. Como cada um de nós tem uma biografia singular, nunca igual a qualquer outra, o grande dilema da vida no expressivismo passa a ser descobrir quem somos verdadeiramente, para além de todos os estereótipos sociais externos que o mundo se esforça para impor sobre cada um de nós.

Desse modo, como diria Charles Taylor,[2] a questão central da revolução expressiva é a "autenticidade". A partir do expressivismo, todos passamos a contar com uma obrigação moral – o dever, portanto, de descobrir quem somos e de viver de acordo com essa descoberta. Muda-se dessa maneira a interpretação hegemônica acerca do que é uma "boa vida".

O início histórico do expressivismo se dá, não por acaso, com a paulatina substituição, pelo menos para as elites intelectuais, a partir do século XVIII (o "Século das Luzes"), da visão religiosamente determinada do mundo em favor agora de uma visão secular. Como não se tem mais a narrativa religiosa como constitutiva de toda a identidade individual, que já diz ao indivíduo quem ele é e qual o seu destino, a construção da identidade se torna um "problema". Como não é mais predefinida, torna-se algo que cada um de nós precisa, no processo de autoconhecimento, resolver e encontrar uma solução.

2 *Ibidem.*

Desde a segunda metade do século XVIII, meditar sobre essas questões era privilégio de uma pequena elite intelectual de pensadores, poetas e artistas que tematizavam dilemas pessoais para o público, por exemplo, por meio do romance psicológico burguês. O romantismo alemão, influenciando artistas de todos os matizes, procurou construir um vocabulário novo para expressar essa aventura em primeira pessoa.

Esses criadores viviam em nichos sociais específicos, como a boêmia poética francesa do século XIX, à margem da sociedade dominante que não os via com bons olhos. No início do século XX, muitos criavam comunidades de artistas e pensadores, como a que pude conhecer de perto em Worpswede, pequena aldeia próxima a Bremen, Alemanha, onde gente como Rainer Maria Rilke, Thomas Mann, Paula Modersohn-Becker e muitos outros escritores, poetas e pintores importantes encontrou asilo, refúgio e interlocução. Fora desses círculos de artistas e intelectuais, o povo continuava vivendo a mesma vida opressiva e rotineira atormentada pelo aguilhão da necessidade.

O que mostra a extraordinária importância da revolução expressiva dos anos 1960 e 1970 é que uma massa de jovens agora bem-formados e antenados retoma a tradição antes relegada às margens da sociedade e a coloca no centro do debate público. A partir daí o mundo jamais será o mesmo. As questões sobre o sentido real da vida e o que afinal estamos fazendo aqui neste mundo se tornam um problema de massas e não apenas de grupos privilegiados culturalmente e marginais.

A educação em massa de qualidade e uma imprensa livre e plural possibilitaram capilarizar para toda a sociedade, ainda que os motores da mudança tenham sido os mais jovens, uma noção mais aprofundada, arriscada e frágil dos seres humanos do que a rasa concepção produtivista. O que os jovens diziam era mais ou menos isto: não somos abelhas produtivas, não somos meras peças de uma engrenagem que nos oprime como uma força estranha, somos muito mais que isso e cabe a cada um o "dever" de levar a cabo essa arriscada aventura. O tema da busca por autenticidade deixa as margens para ganhar o centro do debate público.

As consequências não tardam a aparecer. Praticamente todos os papéis sociais tradicionais e autoritários são criticados e refeitos. A revolução sexual redefine os papéis de gênero e fomenta fortemente a libertação da mulher das amarras da tradição patriarcal. As lutas pelo aborto e o advento da pílula anticoncepcional visam a garantir a posse da mulher sobre seu próprio corpo. A livre escolha da sexualidade sai do quarto escuro ao qual tinha sido relegada e se inaugura o orgulho gay. Os jovens jogam no lixo os mil anos de mofo autoritário[3] e exigem reformas em quase todas as instituições.

A própria atitude de contestação aberta contra qualquer forma de autoritarismo, que marca o expressivismo em todas as suas dimensões, contamina as lutas de minorias e de países oprimidos, impulsionando também a luta dos negros por direitos civis e a luta dos trabalhadores por condições menos opressivas de trabalho e redução da jornada laboral. A autodeterminação dos povos ganha novo impulso – se é facultado ao indivíduo escolher o próprio caminho, por que os povos e as culturas oprimidas não poderiam fazer o mesmo? O protesto contra a Guerra do Vietnã é um protesto também contra toda forma de imperialismo.

Mais uma vez, como vimos na revolução protestante e na liberdade de confissão que ela produz, quem se liberta de alguma opressão em uma esfera da vida se habilita a perceber e a lutar contra todas as outras formas de opressão em outras dimensões da vida. No alvorecer da modernidade, as pessoas se perguntavam: se posso escolher em quem e no que eu acredito na esfera da religião, por que não posso fazer o mesmo nas outras esferas seculares? Foi precisamente isso que os camponeses luteranos pensaram, produzindo então uma das maiores revoltas camponesas da história.

Os jovens revoltados dos anos 1960, por sua vez, pensavam: ora, se eu posso mostrar a pequeneza e a mediocridade de uma vida regida pela busca irracional de lucro pelo lucro que comanda a sociedade como um todo, então posso refazer o mundo de acordo com esses ideais. A lição aqui

3 Expressão utilizada pelos estudantes alemães quando se referiam às instituições da época.

é a de que a liberdade não se compartimentaliza em um ponto particular da vida. Ao contrário, ela abre os olhos que estavam cerrados para todas as outras formas de dominação injusta.

Como sempre, uma mudança revolucionária de paradigma não se reduz a aspectos particulares. Ela atinge tudo e todos, bem como redimensiona e aprofunda todas as lutas que existiam antes. Outro produto típico dessa revolução expressiva é, por exemplo, o cuidado com o meio ambiente que se fortalece e se torna questão social e política fundamental. Afinal, quando se critica o paradigma produtivista de forma consequente, a interrupção da destruição da natureza passa também a ser uma luta fundamental. Literalmente, como estamos vendo, tudo de importante que surgiu depois de 1960 tem a ver direta ou indiretamente com a revolução expressiva dos anos 1960.

Mesmo os países periféricos do capitalismo, como o Brasil sob a ditadura militar, não ficaram infensos a essa influência. Foi em grande parte pela agitação estudantil, contaminada pelo que se passava no mundo, que houve o endurecimento do regime militar, instaurando uma verdadeira ditadura a partir do AI-5 em 1968. A cultura popular brasileira, animada por jovens artistas de muito talento, redefiniu o cinema, o teatro e, muito especialmente, a música popular. A MPB passa a tematizar precisamente, muitas vezes de modo cifrado para escapar à censura, a situação política interna, refletindo, também aí, as boas-novas vindas de fora. Expoentes como Chico Buarque, os Doces Bárbaros, com Caetano Veloso, Gal Costa, Gilberto Gil e Maria Bethânia, e depois Ney Matogrosso e os Secos e Molhados, Belchior, Leila Diniz, Raul Seixas, Rita Lee e Cazuza testemunham essa influência externa, que também aqui não deixou de exercer as suas virtualidades principais. A lufada de ar fresco da cultura popular brasileira dos anos 1960 em diante atesta a influência global da revolução expressiva.

O sentimento da época era o de que o imaginário social estava sendo transformado radicalmente. Em vez do comando da disciplina, do controle panóptico e da obediência cega, entravam os novos temas da criatividade, da inventividade, do florescimento pessoal, do bem-estar, do *small is beautiful*, da não violência, do pós-materialismo de um modo de vida alternativo regido até então pelo consumo, e da liberdade individual. O sentimento geral era de uma progressiva mudança do mundo, uma crescente onda libertária de todas as formas injustas de opressão.

Aqui, mais uma vez, Habermas é um pensador incontornável dessa época. Até os inícios da década de 1980, quando ele publica sua obra máxima, *Teoria da ação comunicativa*,[4] era perfeitamente aceitável que se descrevesse o mundo social de então como uma caminhada, uma sociedade cada vez mais refletida e autoconsciente baseada na discussão pública e livre de argumentos contraditórios. Sua ideia de juventude, de uma esfera pública não dominada pelo dinheiro e baseada no embate argumentativo para a resolução de conflitos, parecia estar se consolidando progressivamente. Ledo engano, como veremos.

Os anos 1960 e 1970 significaram uma época na qual as pessoas se sentiam empoderadas para lutar contra todas as formas possíveis de opressão. Obviamente, esse não era um sentimento geral compartilhado por todos. Havia os que não tinham sido beneficiados por estudo de qualidade e hábito de participação política e debate público e se ressentiam da novidade, agarrando-se aos padrões conservadores como uma boia de salvação moral compensatória. Havia também os que continuavam sendo manipulados pelas promessas do consumismo e sua estratégia de transformar o cidadão em consumidor ainda vigente no período.

Os jovens, porém, começavam a instaurar uma nova hegemonia cultural que ganhava cada vez mais adeptos pelo seu potencial de contestação e rebeldia como meio de expandir e consolidar direitos. Foi a época da luta pelos direitos civis dos negros, pela luta das mulheres no mundo todo, da união da perspectiva estudantil e dos trabalhadores organizados, do embate anti-imperialista simbolizado pelo movimento antiguerra do Vietnã.

4 Jürgen Habermas, *Die Theorie des Kommunikativen Handelns*, 1981.

Em um país como os Estados Unidos, em que a revolta da juventude foi especialmente intensa, os anos 1970 significaram não apenas a década de salários relativos mais elevados da classe trabalhadora, mas também de uma esfera pública pujante e reflexiva que tematizava todas as grandes questões sociais livremente. O controle do capitalismo politicamente determinado pelo voto consciente era o ponto principal. Foi contra esse estado de coisas que a elite americana dos anos 1970 se rebelou de modo organizado e bem-financiado.

O NOVO ESPÍRITO DO CAPITALISMO FINANCEIRO

O capitalismo, fato percebido pelos seus melhores observadores, de Max Weber a Luc Boltansky, precisa de um "espírito" que explique, justifique e legitime a atividade econômica. Essa necessidade é compreensível, acima de tudo, quando percebemos que o capitalismo moderno é habitado por uma irracionalidade fundamental: é a primeira forma de produção econômica na história desvinculada de uma relação direta com necessidades humanas, ou com "valores de uso", como diria Karl Marx.

A definição mais abstrata de capitalismo envolve a ideia de uma acumulação ilimitada de capital como um fim em si mesmo, "irracional", posto que o capital, como o próprio dinheiro, é apenas um meio de satisfação de desejos e necessidades humanas, não um fim em si. Como se justifica, ou seja, como se torna "racional" uma atividade "instrumental", sem relação com fins e valores humanos?

É precisamente essa necessidade de tornar aceitável, explicável, justificável e legítima uma atividade em si "irracional" que torna a construção convincente de uma justificação, ou seja, de um "espírito", algo tão indispensável ao capitalismo moderno. Esse espírito não deve ser confundido com uma mera "ideia"; ele é, na verdade, um processo de subjetivação que se materializa no nível do "comportamento prático", não necessariamente refletido e articulado, tanto na psiquê quanto no corpo do sujeito. O sujeito passa a ser "assujeitado" por uma lógica praticada na vida cotidiana, mas não compreendida. Se a compreendesse, ela não funcionaria como justificação ou "espírito".

Como o que denominamos de economia se refere à forma específica como a produção e a distribuição de bens materiais e simbólicos são viabilizados, a questão central aqui é sobre quem fica com muito e quem fica com pouco ao fim e ao cabo desse processo. Essa questão, que é o núcleo da economia, não é nem técnica nem "econômica"; é "moral" (e política), e é respondida pela forma dominante com que dada sociedade "escolhe" quem merece o acesso privilegiado aos bens econômicos.

A economia é, portanto, sempre e em todos os casos, uma "economia política". Afinal, o que decide para privilégio de quem a economia funciona é uma questão moral e política e não econômica. O "espírito" do capitalismo como sistema econômico remete, portanto, à necessidade inevitável de uma construção moral que o legitima a partir de "fora", ainda que de modo imperceptível enquanto tal. Em outras palavras, a economia funciona melhor quanto mais invisível for a base moral que a legitima e que permite a reprodução no tempo da atividade econômica.

Efetivamente, o capitalismo sempre teve um "espírito", ainda que sempre implícito e inarticulado, formado de modo a permitir a ilusão de que a atividade econômica havia se libertado de qualquer forma de legitimação moral. Este foi e ainda é, aliás, o segredo mais bem-guardado do funcionamento do capitalismo durante toda a sua história: aparecer como uma atividade econômica "pura", desvinculada e independente de limites e de justificações morais quando, na verdade, alguma forma de justificação moral lhe é indispensável. Quanto mais implícita, invisível e opaca essa justificação for, mais bem ela cumpre sua função. A legitimação moral tem de aparecer como algo natural, intrínseco à economia e ao seu funcionamento, o que, precisamente, permite tornar opaco o dado moral *extra*econômico que a comanda.

Essa opacidade da justificação moral no capitalismo é constitutiva do capitalismo, ou seja, um recurso sem o qual ele não funcionaria.

A explicação para isso é simples. Pode-se obrigar as pessoas a ir ao seu local de trabalho e, se houver controle e vigilância constantes (o que envolve custos crescentes), também obrigá-las a realizar suas funções porque necessitam do salário no final do mês para aplacar a fome. Mas isso seria pouco. Como qualquer sistema de dominação eficiente e que pretende se reproduzir no tempo, o capitalismo necessita se legitimar, ou seja, fazer com que as pessoas acreditem no que fazem e que, se possível, se empenhem o máximo possível. O sucesso do capitalismo nem sequer pode ser compreendido sem o trabalho de legitimação prévio no sentido de ganhar a boa vontade, a adesão ativa e o comprometimento de seus participantes.

Na formulação weberiana original, que pretende compreender, antes de tudo, o tipo específico de justificação social e moral que permitiu a consolidação simbólica de um novo sistema econômico (em tudo diferente dos anteriores), essa legitimação moral ainda é em grande parte religiosamente motivada. A religião permanece sendo a esfera produtora de "sentido" que monopoliza toda a justificação possível de condução de vida prática. Tanto a atividade empresarial quanto o trabalho passam a ser compreendidos como uma "vocação", ou seja, um chamado religioso, para realizar o desejo e a glória divina na Terra por meio da atividade econômica racionalizada e disciplinada. Ou seja, aqui o móvel ainda é a salvação eterna, não a busca por lucro material. O enriquecimento se deu de modo inintencional, decorrente da disciplina férrea e da frugalidade de hábitos. A necessidade externa de justificação moral do capitalismo ainda é óbvia e clara.

Com a queda do prestígio das justificações religiosas, como Weber já havia percebido, entra em cena o processo de transformação da economia. Isso ocorre com a ajuda decidida da ciência e da filosofia, então dominantes, em uma esfera (supostamente) amoral – como se a economia houvesse se libertado de qualquer necessidade exterior de justificação da atividade econômica que passa a ser percebida como acumulação indefinida no tempo, como um fim em si. Na verdade, a própria definição da economia como esfera autônoma, independentemente de qualquer justificativa ideológica e moral, foi resultado de um processo histórico lento que contou com o auxílio das justificações legitimadas pelo discurso científico e filosófico dominantes, como o antropólogo francês Louis Dumont demonstra sobejamente.[5]

Na realidade, a desconstrução da justificativa religiosa permite a associação, por baixo do pano, da ideia moral de "bem comum" como algo intrínseco à própria atividade econômica capitalista que passa, agora, a ser justificada nos termos do utilitarismo. A justificação moral do capitalismo então se vincula à noção de bem-estar geral definida como progresso material.

É, afinal, esse vínculo entre progresso material e bem-estar geral que está implícito na definição do produto interno bruto (PIB) como símbolo máximo do progresso material e do bem-estar de uma sociedade. A "nação" passa a ser percebida nos termos de uma "empresa" capitalista. Esse tipo de associação é precisamente o necessário para naturalizar a argumentação simbólica da atividade econômica no capitalismo e, de certo modo, produzir uma justificação moral tão ampla, tão óbvia e tão indiscutível que a economia possa ser percebida, ao fim e ao cabo, como hoje em dia, como "neutra" em termos morais.

Na verdade, tanto a ciência como todas as formas de justificação que gozam de alto prestígio na esfera pública sempre insistiram na "moralidade inata" do comportamento econômico no capitalismo. O próprio Weber falava do capitalismo moderno como uma moderação do impulso de ganho, ou seja, como contenção e autocontrole; e como controle do corpo e de suas paixões pelo "espírito", refletindo, portanto, a concepção ocidental por excelência de virtude. Também a corrupção e o saque – percebidos como vantagem indevida em um contexto de presumida igualdade – são relegados, muitas vezes, à fase "selvagem" da acumulação primitiva, como o próprio Marx chega a indicar – como se o capitalismo maduro não se

5 Louis Dumont, *Homo aequalis*, 2000.

utilizasse, sempre que possível e os resultados compensem, de todos os meios para se obter o maior lucro possível.

A última grave crise financeira internacional de 2008 e a pandemia global de 2020-2021 apenas deixaram esse fato, mais uma vez, claro como a luz do sol ao meio-dia para quem tem olhos e quiser ver. Que já tenhamos nos "esquecido" dessas crises e de suas consequências econômicas nocivas é apenas a confirmação de quão sólida é a atual justificação do capitalismo contemporâneo dominado pelo capitalismo financeiro.

No entanto, apenas percebendo a combinação desses fatores materiais e simbólicos é que compreendemos a universalização da economia capitalista como principal instância reguladora e coordenadora das ações sociais no mundo moderno. Essa dinâmica, diferentemente de todo o discurso legitimador que emana da própria esfera econômica, não é apenas material, técnica, racional ou (para dizer tudo em uma única palavra) neutra em relação a valores substantivos. O processo de acumulação só acontece por meio de uma violência simbólica específica, a qual possibilita que a legitimação moral e política do capitalismo ocorra a partir de um processo ambíguo de expressão/repressão econômica do conteúdo político e moral que lhe é inerente. Em uma palavra: o capitalismo só se legitima e se mantém no tempo por meio de um "espírito" que justifique o processo de acumulação infinita, em última instância irracional, do capital.

Esse "espírito" – ou seja, um conjunto de ideias e valores que permite conferir "sentido" a uma atividade econômica vivida como processo abstrato de acumulação infinita – é tão mais eficiente quanto mais inarticulada e implícita for a sua mensagem "moral". Como vimos, a atividade econômica no capitalismo vive da aparência de autonomia e independência em relação às outras esferas sociais, muito especialmente das "esferas de valor", como a moralidade e a política. O processo de acumulação de capital não se justifica em si mesmo, e perceber seu núcleo simbólico em cada contexto histórico implica reconstruir suas formas de legitimação tornadas invisíveis.

Essa talvez seja a ideia mais interessante da obra de Luc Boltansky e Ève Chiapello, *O novo espírito do capitalismo*.[6] Nesse livro seminal para a compreensão do capitalismo contemporâneo, os autores debatem duas ideias de importância fundamental para nossos interesses aqui: primeiro, a ideia de que o capitalismo só sobrevive se assimilar, em seus próprios termos, seus inimigos em cada época histórica; segundo, a ideia de que o capitalismo contemporâneo, conhecido como "neoliberal", assimila e reconstrói nos seus próprios termos um tipo muito peculiar de "capitalismo expressivo".

A primeira ideia é basilar, uma vez que permite explicar não só a permanência do capitalismo como sistema social e político dominante no planeta nos últimos duzentos anos, mas também seu atual prestígio e sua força, inéditos em toda a sua história. A construção de um "espírito" do capitalismo é um desempenho pragmático, e não primariamente movido por considerações de coerência do tipo de justificação.

O mais importante é perceber que capitalismo não "escolhe" seu sentido e sua legitimação em cada época histórica, mas o campo de luta é definido por seus inimigos. Assim sendo, o capitalismo tem que assimilar as ideias que desfrutam de prestígio e poder de persuasão em cada época, muito especialmente as que lhe são hostis e mais perigosas. O capitalismo não constrói novas ideias, mas, antes de tudo, mobiliza as construções simbólicas já existentes e que desfrutam de alta penetração social em cada contexto, conferindo-lhes um sentido novo que lhe permita adaptá-las às exigências da acumulação de capital.

É essa capacidade de transformação e de "antropofagia" que possibilita e explica tanto a sobrevivência histórica quanto o vigor do capitalismo ao lograr formas de compromisso e convergência com seus diversos inimigos históricos em diferentes épocas e contextos. É isso, também, afinal, que permite que o processo de acumulação econômica assuma a aparência de generalidade e universalidade, como se realizasse princípios

6 Luc Boltanski e Ève Chiapello, *Le Nouvel esprit du capitalisme*, 1999.

éticos universais. É desse modo que o processo de acumulação permite "blindá-lo" contra seus inimigos e se sobrepor às críticas anticapitalistas em torno da noção de justo e injusto.

É interessante a leitura de Boltansky e Chiapello do processo de legitimação simbólica do capitalismo nos termos de uma justificação simbólica implícita que se refere a noções de bem comum. Isso porque permite se afastar das versões apologéticas – que confundem a realidade material e simbólica e são cegas à realidade das justificações implícitas e inarticuladas – e do tipo de crítica que desconhece a dinâmica das justificações como compromisso e luta, imaginando que os interesses econômicos se realizam sem peias e sem limites.

A incorporação dessa dimensão simbólica de luta por justificações é a única maneira de se compreender a capacidade de renovação histórica do capitalismo como resultado contingente e aberto de uma luta que implica assimilação – ainda que nos seus próprios termos, ou seja, como forma de garantir o processo de acumulação infinita do capital – e resistência das posições de seus inimigos históricos em cada contexto específico. O preço da crítica é a sua incorporação, de modo a possibilitar o processo de acumulação num patamar novo de justificação normativa. Essa perspectiva é rica e interessante porque é crítica de concepções que são cegas à dinâmica normativa tensional interna ao capitalismo como sistema social total.

Isso significa que uma crítica vigorosa ao capitalismo ajuda a reformular seus próprios padrões de justiça e legitimidade. O "outro" do capitalismo não está apenas fora dele, mas também pode ser gestado em seu próprio interior ao problematizar seus dispositivos de justiça e princípios implícitos de equidade e de bem comum pela comparação com a realidade efetiva vivida das pessoas. Perceber a dimensão simbólica de justificação do capitalismo equivale não apenas a ultrapassar a dimensão ingênua que percebe a atividade econômica como "neutra" em relação a valores – mas também, e principalmente, entender o próprio terreno da justificação do processo de acumulação de capital como uma "luta em aberto" que pode ser refeita em qualquer tempo.

Ainda que essa luta exija mobilização política e ação coletiva organizada, a desconstrução conceitual da economia e de suas justificações morais como algo natural, e não como algo construído socialmente, ao privilegiar positivamente alguns e estigmatizar outros, é parte importante na luta simbólica por justiça social. Não existe crítica social possível sem a articulação e a dramatização do sofrimento humano, que foi relegado ao silêncio pelo domínio da violência simbólica dos vencedores.

Ao enfrentar seu maior inimigo até então, uma versão expressiva e pós-produtivista do ser humano, a antropofagia do capitalismo buscou um ataque frontal a partir de 1970, em todas as frentes. Analiticamente, posto que na realidade esses elementos estão amalgamados, podemos distinguir duas frentes principais: 1) o aprofundamento do ataque aos sindicatos e a transformação do trabalhador rebelde em um oprimido passivo que se percebe "colaborador" do patrão; 2) a tentativa de destruição da esfera pública como espaço de interação não violenta, refletida e argumentativa.

3. A VINGANÇA DOS SUPER-RICOS (1970-2025)

A COLONIZAÇÃO DO MUNDO DO TRABALHO

Vamos compreender, primeiro, como e por que se deu o ataque aos sindicatos e como o trabalhador, antes rebelde, agora foi transformado em dócil "colaborador".

A fase imediatamente anterior à dominação contemporânea do capitalismo financeiro é conhecida como "fordismo". O ano de seu nascimento simbólico é 1914, quando Henry Ford, dono da companhia de automóveis que leva seu nome, introduziu a jornada de oito horas de trabalho e o salário diário de US$ 5 (cerca de US$ 150, segundo valores de 2025). Estava nascendo um tipo de compromisso entre os capitalistas e os trabalhadores: o trabalho disciplinado, hierárquico e repetitivo nas fábricas era "comprado" por bons salários, tempo para lazer, oportunidades efetivas de consumo de bens duráveis e conforto para a classe trabalhadora americana. A novidade e a importância do fordismo se explicam, portanto, como um compromisso que ultrapassava em muito as paredes das fábricas.

O que havia de especial em Ford era que ele vislumbrava uma nova maneira de perceber a reprodução social capitalista como um todo, a qual se fundamentava não apenas em fatores "negativos", como a repressão aos sindicatos, a perseguição às organizações operárias autônomas ou o proibicionismo da Lei Seca como forma de disciplinamento da classe trabalhadora. Ele havia percebido que a produção de massa – como a do seu Ford modelo T – implicava também "consumo de massa", o que só uma classe trabalhadora afluente e bem-paga podia tornar realidade.

Como Antonio Gramsci percebeu melhor e mais cedo que qualquer outro, o que estava em jogo era não apenas um novo sistema de reprodução da força de trabalho, com uma nova gerência e um novo modo de controlar a atividade produtiva, mas, também e principalmente, uma nova estética, uma nova psicologia e um novo estilo de vida em todas as dimensões.

O fator positivo do fordismo como um "espírito" específico do capitalismo na sua fase monopolista e de produção industrial de massa residia na expansão do mito americano de progresso e felicidade individual - ainda que à custa da redução da ideia de progresso individual à ideia de consumo - também entre as classes trabalhadoras. A questão que animou vários espíritos desde Werner Sombart, no sentido de explicar a relativa ausência de uma tradição socialista nos Estados Unidos, precisava articular tanto o aspecto negativo da destruição sistemática das organizações autônomas do operariado americano como o aspecto positivo da expansão do consumo a porções significativas da classe trabalhadora nos Estados Unidos.

A expansão do fordismo ao capitalismo europeu - ao mesmo tempo menos vigoroso que o americano e mais perpassado por lutas de classe e uma longa tradição de luta operária - só seria realidade com a Segunda Guerra Mundial. A partir da década de 1950, temos em todos os grandes países europeus a combinação característica do fordismo: rígido controle e disciplina de trabalho hierárquico e repetitivo, por um lado; e bons salários e garantias sociais, por outro. Além disso, o poder corporativo baseado na inovação tecnológica e no alto investimento em propaganda e marketing permitia economia de escala e lucros crescentes mediante padronização de produtos estandardizados. O saque imperial de matéria-prima barata do Sul global fazia o resto.

Tanto na Europa quanto nos Estados Unidos, no entanto, o fordismo sempre foi perpassado por contradições. Suas benesses pressupunham uma cisão entre setores positiva e negativamente privilegiados da própria classe trabalhadora. Os altos salários eram restritos aos setores chamados "monopolistas", grandes indústrias que se aproveitavam da economia de escala da produção padronizada e podiam pagar bons salários para trabalhadores fortemente organizados em sindicatos com alto poder de pressão.

A esse setor positivamente privilegiado se contrapunha, no entanto, todo um setor chamado por alguns de "competitivo", com acesso residual ao excedente global e incapaz de pagar os mesmos salários e as mesmas vantagens aos trabalhadores. O fordismo, portanto, sempre implicou forças sociais expressivas marginalizadas do compromisso de classes dominantes.

Porém o frágil compromisso fordista estava baseado em um equilíbrio precário. Essa precariedade não residia apenas no compromisso entre duas classes historicamente inimigas. Afinal, os altos gastos em controle e vigilância do trabalho pressupunham que a fábrica continuava a ser, em grande medida, o terreno de uma guerra de trincheira entre inimigos com interesses opostos. Tal precariedade residia também em condições especiais de trocas internacionais desiguais, pois o domínio militar americano em todo o mundo capitalista fazia parte do compromisso fordista na dimensão internacional. Um dos pilares do domínio militar americano no mundo "livre", por sua vez, sempre foi – e ainda hoje é – a manutenção de preços baixos para matérias-primas estratégicas, como o petróleo. Assim, a crise do petróleo em 1973 – com a explosão dos preços de matérias-primas essenciais – comprometeu, em boa medida, o equilíbrio fordista em escala mundial e reduziu crescentemente a taxa de lucro apropriável de forma seletiva.

Em diversos países avançados do capitalismo, dificuldades fiscais para a manutenção das garantias sociais que se multiplicam, na dimensão estatal, e a clássica dificuldade em controlar e disciplinar o trabalho, que leva a lucros decrescentes e perda de produtividade, na dimensão empresarial, ajudaram a fragilizar o compromisso fordista. Mas não existiram apenas causas econômicas, houve também aspectos políticos e culturais decisivos. Nos significativos enfrentamentos contraculturais de 1968, em todo o mundo capitalista avançado, setores marginalizados do fordismo e a vanguarda política de uma juventude bem-formada, criada pela educação de massas do próprio compromisso fordista, já haviam criticado de modo contundente o mundo hierarquizado que o fordismo havia construído e difundido.

A crítica à hierarquia e ao mundo convencional e alienador sai do campo econômico e do horizonte apenas fabril e se transforma também em crítica à hierarquia política e social como um todo. Qualquer que seja a combinação de fatores envolvidos e o peso efetivo de cada um deles na configuração geral, fato é que a partir dos anos de 1970, e com mais força a partir dos anos 1980, uma série de novos experimentos tem início, de modo a garantir a volta das taxas de lucro atraentes e a produzir uma nova revolução nas relações entre o capital e o trabalho. O desafio da reorganização do capitalismo a partir dos anos 1980 passa a ter, portanto, dois elementos interligados: transformar o processo de acumulação de capital, de modo a voltar a garantir taxas de lucro crescentes, e justificar tal processo de mudança segundo a semântica do "expressivismo" e da liberdade individual.

Como o expressivismo havia fixado sólidos fundamentos no imaginário social a partir dos movimentos contraculturais dos anos 1960 em todo o mundo, o capitalismo precisou colonizar a sua linguagem para posar de libertário. Como vimos, o capitalismo só sobrevive se "engolir" seu inimigo e transformá-lo em seus próprios termos. Essa "antropofagia" é sempre um desafio – ou seja, é um risco e pode falhar – e requer enorme coordenação de interesses em todas as esferas sociais para vencer resistências e criar um imaginário social favorável ou, em outros termos, uma violência simbólica bem-perpetrada e aceita por todos como autoevidente.

O maior desafio da reestruturação do capitalismo financeiro e flexível foi, como não podia deixar de ser, uma completa redefinição das relações entre o capital e o trabalho. Desde o seu início, a história da industrialização no Ocidente havia sido a epopeia de uma luta de classes cotidiana em todas as fábricas, um combate latente – e muitas vezes declarado e manifesto – entre a dominação do capital através de seus mecanismos de controle e disciplina, por um lado, e a rebelião dos trabalhadores, por outro. Mesmo em pleno período de "compromisso de classes fordista", fazia parte da tradição de luta dos trabalhadores se perceber como um soldado de uma "guerra de guerrilha" contra toda tentativa de controle e disciplina do trabalho julgada excessiva.

A uma rotina de trabalho baseada na medição milimétrica de tempos de movimentos se contrapunha a criatividade dos trabalhadores em construir nichos secretos de autonomia. Durante os duzentos anos de hegemonia do capitalismo industrial no Ocidente – muito especialmente durante o "compromisso de classes fordista" –, a dominação do trabalho pelo capital significou sempre custos crescentes de controle e vigilância.

Não é de modo algum surpreendente que o toyotismo, a nova forma fabril destinada a substituir o fordismo, viesse sintomaticamente de um país não ocidental, sem qualquer tradição importante de luta de classes e de movimento organizado dos trabalhadores no sentido ocidental do termo. A grande vantagem do toyotismo japonês em relação ao fordismo ocidental era, precisamente, a possibilidade de obter ganhos incomparáveis de produtividade graças ao "patriotismo de fábrica", que subordinava os trabalhadores aos objetivos da empresa.

O assim chamado toyotismo pós-fordista permitia não apenas cortar gastos com controle e vigilância, mas, mais importante ainda, ganhar corações e mentes dos próprios trabalhadores. A adaptação ocidental do toyotismo implicou cortar gastos com controle e vigilância em favor de uma auto-organização "comunicativa" dos trabalhadores através de redes de fluxo interconectadas e descentralizadas. A nova semântica "expressiva" – o velho inimigo de 1968 agora "engolido" e redefinido "antropofagicamente" – serve para que os trabalhadores percebam a capitulação completa em relação aos interesses do capital como uma reapropriação do trabalho, sonho máximo do movimento operário ocidental nos últimos duzentos anos, pelos próprios trabalhadores.

A *lean production* (produção flexível) tinha como fundamento justamente a não necessidade de pessoal hierárquico para o controle e a disciplina do trabalho, permitindo cortes substanciais dos custos de produção e possibilitando contar apenas com os trabalhadores diretamente produtivos. A secular luta de classes dentro da fábrica, que exigia gastos crescentes com controle, vigilância e repressão do trabalho, aumentando os custos de produção e diminuindo a produtividade do trabalho, deveria ser substituída pela completa mobilização dos trabalhadores em favor do engrandecimento e maior lucro possível da empresa. O que está em jogo no "capitalismo flexível" é transformar a rebeldia secular da força de trabalho em completa obediência ou, mais ainda, em ativa mobilização total do exército de soldados do capital.

Na verdade, as demandas impostas ao novo trabalhador ocidental, quais sejam, expressar a si próprio e a se comunicar, escondem o fato de que essa comunicação e expressão são completamente predeterminadas no conteúdo e na forma pelo objetivo de lucro da empresa. Transformado em simples elo entre circuitos já constituídos de codificação e de descodificação, cujo sentido total lhe escapa, o trabalhador "flexível" aceita a colonização de todas as suas capacidades criativas em nome de uma "comunicação", que se realiza em todas as suas vicissitudes exteriores, excetuando-se sua característica principal de autonomia e espontaneidade.

Como nota André Gorz,[1] a verdade é que a caricatura do trabalho expressivo do "capitalismo flexível" só é possível porque não existe autonomia no mundo do trabalho se não existir também autonomia cultural, moral e política no ambiente social maior. Daí a importância transcendental da categoria de esfera pública como construída por Jürgen Habermas que reconstruímos anteriormente. O projeto do capitalismo em todos os níveis passa a ser "colonizar" também, além do mundo do trabalho, a esfera pública livre. É preciso solapar as bases da ação militante, do debate livre e da cultura da dissidência para realizar sem peias a ditadura do capital sobre o trabalho vivo.

As novas empresas da *lean production* no Ocidente preferem contratar mão de obra jovem, sem passado sindical, com cláusulas explícitas de quebra de contrato em caso de greve. Em suma, o novo trabalhador deve ser desenraizado, sem identidade de classe e sem vínculos de pertencimento à sociedade maior. É esse trabalhador que vai poder ver na empresa o lugar de produção de identidade, de autoestima e de pertencimento.

As modificações do capitalismo contemporâneo, a partir da década de 1970, não foram automáticas nem óbvias. Durante toda essa década,

1 Andre Gorz, *Métamorphoses du travail*, 2004.

em vários países, os filhos da "revolução expressiva" dos anos 1960 passaram a ocupar postos-chave como formadores de opinião e figuras centrais da vida pública dessas sociedades. Essa geração, a primeira a ser produzida no contexto de educação pública de qualidade para amplos setores sociais – princípio que se consolidou depois da Segunda Guerra Mundial como subproduto inintencional do próprio compromisso fordista –, foi, ela própria, o suporte de uma crítica virulenta à heteronímia típica do trabalho fordista, assim como de resto ao recorte hierárquico de todas as instituições capitalistas e burguesas dominantes nesse período.

Essa "revolução simbólica" em vários países avançados, tendo como suporte social essa nova classe "pós-materialista", pesquisada empiricamente por estudiosos como Ronald Inglehart,[2] contrapunha-se a uma classe emergente de engenheiros, executivos e gerentes que estavam se tornando cada vez mais importantes no seio do processo econômico e produtivo. Até meados dos anos 1980, o resultado dessa luta simbólica ainda estava em aberto. Como um dos pensadores mais influentes desse período, Habermas imaginava um mundo muito diferente do que efetivamente estava por vir. Ele previu a possibilidade de se manter o complexo mercado/Estado dentro de limites bem-definidos, de modo a possibilitar o desenvolvimento das virtualidades de uma "razão comunicativa" pensada como possibilidade concreta pela expansão de boa educação e debate plural para amplos setores. Habermas requentava a velha esperança iluminista de que novos potenciais de reflexividade e possibilidades de ação crítica poderiam conduzir a uma sociedade capitalista de novo tipo.

O novo espírito do capitalismo que se consolidou a partir dos anos 1990 foi algo muito diferente. Tratava-se de uma caricatura perfeita do sonho iluminista. Os novos gerentes, engenheiros e executivos se apropriaram, nos seus próprios termos – ou seja, como sempre, os da acumulação do capital –, de palavras de ordem como criatividade, espontaneidade, liberdade, independência, inovação, ousadia, aventura, busca do novo etc. O que antes era crítica se tornou afirmação do capitalismo, possibilitando a

---

2 Ronald Inglehart, *Modernization and Postmodernization*, 1997.

colonização da nova semântica a serviço da acumulação do capital. Temos aqui um perfeito exemplo da tese de Boltansky e Chiapello acerca das virtualidades antropofágicas do capitalismo em relação aos seus inimigos.

Ao mesmo tempo – e esse é o aspecto mais importante e decisivo nesse contexto –, a luta simbólica para assegurar a reprodução continuada do capitalismo nunca está solucionada ou ganha definitivamente. Há sempre um componente de "chance", de mudança e de crítica, o qual é disputado contextualmente em cada caso. A possibilidade de mudança está embutida de maneira constitutiva no capitalismo por sua própria dependência de legitimação moral e ética em termos de justiça social. É por conta disso que a política e as lutas sociais jamais vão se extinguir no capitalismo. A política pode até ser silenciada em medida considerável, permitindo à economia – ou seja, o princípio da acumulação de capital percebido como única demanda socialmente reconhecida e visível – "fazer a política" em seu próprio nome e em seu próprio interesse. Mas a possibilidade de crítica está sempre lá.

O colapso do compromisso fordista, por razões tanto econômicas quanto políticas, exigiu uma revolução na forma como a economia opera em todos os níveis. O capital financeiro passa a controlar todo o processo produtivo, inclusive dentro da fábrica. Dois são os pilares econômicos dessa revolução: o encurtamento do giro do capital e o corte de gastos com vigilância e controle da força de trabalho. A época em que vivemos é a da dominação do capitalismo financeiro, porque foi possível articular e vincular a aceleração do giro do capital e o corte das despesas com controle e vigilância da força de trabalho com uma bem-perpetrada violência simbólica. Isso permitiu, por sua vez, interpretar tal processo com a semântica da revolução expressiva que havia marcado os anos 1960 e 1970. Desse modo, a própria destituição e precarização das condições de trabalho, de uma parcela significativa da classe trabalhadora, pode ser encoberta e distorcida como triunfo da criatividade, da ousadia, da coragem e da liberdade individual.

Desde os anos 1980, foram criados novos dispositivos de controle e de contabilidade das empresas em todos os ramos da produção, inclusive os não financeiros, que permitem o total controle da produtividade individual dos trabalhadores. Sistemas de vigilância recíproca e canais de denúncia dentro da própria empresa permitem jogar os trabalhadores uns contra os outros e ainda cortar custos de vigilância e controle externo. O "olho" do capital está em todos os lugares e dentro dos próprios trabalhadores, realizando, no fim das contas, o desiderato máximo do capital desde seus inícios: o controle total e completo da força de trabalho. As plataformas digitais de hoje em dia, como a Uber, levam esse controle da força de trabalho ao paroxismo, ao mesmo tempo que os trabalhadores precarizados se veem como "empresários de si mesmos".

Para a imposição da nova "ditadura do capital", foi necessária uma mudança na maneira como a acumulação de capital é representada: os valores expressivos e românticos que desde o seu início se opunham à figura do capitalista/burguês, tacanho e dominado pelo dinheiro; ao burguês, "refinado" e "sensível" dos valores que não "se compram", como liberdade, criatividade, expressão dos próprios sentimentos percebidos como únicos e singulares, são agora misturados e redefinidos. Agora, a própria fábrica é percebida como o local da criatividade e da liberdade. Os escritórios das grandes firmas do infocapitalismo, como Google e Apple, se esmeram em construir ambientes de trabalho com sofás coloridos, espaços de socialização e mesas de pingue-pongue para servir de inspiração ao trabalho criativo. Quebra-se com a oposição entre lazer e trabalho para que o trabalho impere sobre o tempo de lazer. Mas a mistura entre os dois mundos reflete a mesma mudança de "espírito do capitalismo" que estamos descrevendo. Não existiria contexto cultural e político que permitisse o livre curso das virtualidades do domínio totalizador do capitalismo financeiro no mundo de hoje se não tivessem sido, também possíveis, a transformação e a diluição do discurso expressivo em ferramenta das finanças.

Esse é o novo "espírito" do capitalismo no sentido de Weber e Boltansky. Sem ele, o capitalismo financeiro não teria engolido e mastigado seu maior inimigo e não teria podido usá-lo para aumentar sua própria força. Sem dominação simbólica não existe capitalismo. A economia não se autolegitima. O alvo principal da "catequese do capital" foi todo o segmento de gerentes e executivos responsável pelo conhecimento instrumental e técnico necessário à acumulação. Era preciso motivar essa "tropa de choque" do capital, o exército de advogados, engenheiros, administradores e economistas, e convencê-la de que também seu trabalho era "criativo", "expressivo" e diretamente emancipador e libertador. Essa bem-organizada violência simbólica permitiu a geração de yuppies, criada nos anos 1980 nos Estados Unidos, que reduziu expressividade a consumo conspícuo e depois se expandiu para todo o mundo, inclusive o Brasil.

Esse radical rearranjo do mundo do trabalho moderno criando uma nova classe trabalhadora que não precisa mais ser vigiada e controlada constitui também uma pequena burguesia de novo tipo. O pequeno proprietário da pequena fábrica de "fundo de quintal" não difere, muitas vezes, em termos de estilo de vida, do próprio trabalhador que ele costuma empregar sem pagar direitos trabalhistas nem impostos de qualquer tipo. Além de uma nova classe trabalhadora definida pelo novo "trabalhador-autônomo", parece existir também uma "pequena burguesia de novo tipo" representada pelo trabalhador/empreendedor. Os limites entre essas duas frações de classe com frequência são muito fluidos, tornando muito difícil a definição exata de seu pertencimento de classe.

A unidade no meio de uma extraordinária diversidade parece residir no fato de que lidamos com uma espécie de nova classe trabalhadora em formação, típica da recente dominância do capitalismo financeiro na economia, na cultura e na política. Essa classe é "nova" porque a alocação e o regime de trabalho são realizados de modo novo, a fim de ajustá-los às novas demandas de valorização ampliada do capital financeiro. Isso é alcançado, por exemplo, pela eliminação dos custos com controle e vigilância do trabalho. Essa nova classe trabalhadora labuta entre oito e quatorze horas por dia e imagina, em muitos casos, que é seu próprio patrão. O real patrão, o capital tornado impessoal e despersonalizado, é invisível agora, como nos aplicativos de hoje em dia, que intermedeiam todo o comércio e o transporte, contribuindo imensamente para que todo o processo de exploração do trabalho seja ocultado e tornado imperceptível.

Vitória magnífica do capital que, depois de duzentos anos de história do capitalismo, retira o maior valor possível do trabalho alheio vivo, sem qualquer despesa com gestão, controle e vigilância do trabalho. Destrói-se a grande fábrica fordista, transformando o mundo inteiro em uma só grande fábrica, com filiais em cada esquina, sem lutas de classe, sem sindicatos, sem garantias trabalhistas, sem greve, sem limite de horas de trabalho e com ganho máximo ao capital. Esse é o admirável mundo novo do capitalismo financeiro!

A COLONIZAÇÃO DA ESFERA PÚBLICA

O capitalismo mundial contemporâneo foi criado à imagem e semelhança do capitalismo dos Estados Unidos. Toda a experiência de gerência econômica e todo o arcabouço legal construído para possibilitar a operação do capitalismo em nível mundial foram gestados e testados no próprio território americano. Mas isso não ocorreu apenas em sua faceta econômica.

Também politicamente a sociedade americana foi e ainda é o espelho que comanda as ações em todo o planeta. O aprendizado político da classe de capitalistas que permitiu a existência do império americano até hoje se construiu no embate feroz com a classe trabalhadora mais numerosa, mais atuante e mais bem-paga do globo. No último quartel do século XIX, a classe trabalhadora nos Estados Unidos era a mais numerosa e mais ativa do planeta. As greves se contavam aos milhares em todo o país, apesar da repressão muitas vezes brutal.

Os grandes proprietários aprenderam a lição e passaram a agir como classe unificada, encarando a organização dos trabalhadores como seu maior inimigo. A grande recessão de 1929 forçou um recuo da força da grande propriedade privada organizada, substituída pelo Estado na administração de Franklin D. Roosevelt, à época dominado pelo compromisso de classes do New Deal. Regulado pelo Estado, o programa se transformará no compromisso de classes social-democrata que caracterizará todo o capitalismo europeu e americano do pós-guerra. Com a morte de FDR, a produção do consentimento – que nunca havia deixado de existir – volta a todo vapor, usada como arma da imprensa, da propaganda e da indústria cultural americana. É a fase da "caça às bruxas" do macarthismo, que terá em Hollywood e em toda a máquina da indústria cultural seus principais aliados. O objetivo mais importante continuou a ser transformar o cidadão em consumidor e evitar a unidade da classe trabalhadora como agente político autônomo.

No entanto, a ameaça comunista possibilitou concessões importantes aos sindicatos e uma melhoria real no nível de vida dos trabalhadores em todos os países industrializados do Ocidente. A institucionalização do pacto de classes do New Deal passa a vigorar agora em todo o G7 e em toda a Europa Ocidental. Essa fase histórica equivale, nos Estados Unidos, à hegemonia do Partido Democrata construída por Franklin Roosevelt e, na Europa, aos partidos social-democratas europeus, todos em aliança com o Partido Democrata americano.

A partir dos anos 1970, o crescente poder político das classes trabalhadoras, como já vimos, leva a um pequeno mas crescente declínio nas taxas de lucro dos capitalistas das grandes potências. Como sempre, também a reação contra a queda dessa taxa começa nos Estados Unidos. A eleição de Richard Nixon, em 1968, já prenuncia a decadência dos 36 anos de dominância do New Deal, embora ele tenha feito concessões importantes aos trabalhadores. Por conta disso, para Noam Chomsky, Nixon foi o último presidente do New Deal.

Essa reação do grande capital americano se baseia em uma estratégia dupla: promover a guerra contra os pobres e as organizações da classe trabalhadora e a guerra dos pobres entre si e da classe trabalhadora entre si. É aqui que mais tarde se prenuncia a estratégia divisionista da extrema direita, gestada dentro do Partido Republicano. A assim chamada "estratégia sulista" de Nixon deu os primeiros passos na tática que consistia em se aproveitar de tensões étnicas e raciais para dividir os trabalhadores. Na prática, promovia-se a guerra entre os próprios trabalhadores.

Aproveitando-se do ressentimento criado pelas conquistas das lutas pelos direitos civis da população negra, o Partido Republicano logrou ganhar parte importante do eleitorado e dos trabalhadores sulistas, até então uma base eleitoral fiel do Partido Democrata. Aqui se localiza a semente do que viria a ser o Partido Republicano colonizado pelo supremacismo racial velado de Richard Nixon, mais tarde explícito em Donald Trump. Já trabalhavam com Nixon naquela época pessoas que participariam da campanha de Trump décadas depois, como Roger Stone.

A eleição de Ronald Reagan em 1980 (assim como a de Margaret Thatcher na Inglaterra) prenuncia um combate frontal à universalização do New Deal sob a forma de um neoliberalismo rearticulado em várias frentes pelo grande capitalismo financeiro americano. A guerra aberta contra os trabalhadores e suas organizações ocorreu em todas as frentes. Na frente militar, o Projeto "Guerra nas Estrelas" representou um ataque aberto ao inimigo soviético, obrigando um país já debilitado economicamente a assumir despesas extraordinárias na corrida militar. Assim começou a pressão militar e econômica pela implosão do bloco soviético. Era importante que não houvesse alternativas ao neoliberalismo conservador.

A outra frente era o velho inimigo interno do capital, as organizações da classe trabalhadora. A destruição da forte tradição sindical das grandes potências ocidentais passou a ser um dos objetivos centrais dos governos neoliberais, como o de Margaret Thatcher, com sua guerra de morte aos sindicatos reivindicativos. Essa foi a fase do toyotismo, em que havia a tentativa de impor uma visão do sindicato como dedicação à empresa e a seus fins, típica da tradição japonesa, cooptando o trabalhador à lealdade ao patrão e ao capitalista, e não mais aos seus colegas.

Paralelamente à guerra contra os sindicatos, desenvolveu-se de modo novo a velha estratégia do dividir para conquistar. Ela assumiu diversas formas, como a oposição entre trabalhadores brancos e negros ou de origens distintas. No contexto do neoliberalismo, o estratagema tentou e conseguiu, com enorme sucesso, redefinir a noção de felicidade. Afinal, a crise do capitalismo dos anos 1970 envolveu não apenas a queda tendencial da taxa de lucros devido à crescente organização dos trabalhadores, mas também a crítica cultural radical da juventude em protesto – que, pela primeira vez, não era por dinheiro nem pela justa compensação do trabalho, mas por uma vida mais significativa e mais livre para todos os indivíduos.

Tal protesto de novo tipo era "transclassista", rompendo famílias tanto de burgueses quanto de trabalhadores em uma divisão geracional. Os filhos bem-educados do Estado de bem-estar social ganharam autonomia e se expressaram politicamente. Ronald Reagan, conservador pioneiro do neoliberalismo, enfrentava em casa a oposição da própria filha, militante das novas bandeiras. Em face da crítica historicamente mais radical já formulada ao capitalismo pela geração "expressiva" dos anos 1960, o capitalismo precisou se reinventar radicalmente. Afinal, a ideia de um ser humano autêntico, ou seja, capaz de buscar seu autoconhecimento e expressar sua personalidade individual como seu dever moral mais importante, é uma ameaça real a um sistema que prega que o dinheiro e a posse de propriedades são os valores humanos mais altos.

O grande feito do capitalismo financeiro, como mola propulsora do neoliberalismo e como embuste ideológico, foi se apropriar dessa concepção de felicidade radical e libertadora segundo seus próprios termos. Isso não se deu, obviamente, de um dia para o outro. Foi uma guerra ideológica incansável até que criatividade, emancipação e originalidade individual fossem repaginadas nos termos do capital financeiro. "Criatividade" se torna um recurso para gestão de pessoas e conflitos dentro da empresa, não mais uma aventura de autoconhecimento. "Originalidade" passa a ser um recurso gerencial definido de antemão pelos fins de lucro. "Emancipação" se transforma na farsa de que todos são agora empresários de si mesmos. Assim, o domínio do capital financeiro não é algo que se contraponha aos indivíduos de fora, mas parte de dentro, da alma e das aspirações mais profundas do imaginário individual e social. É isso que explica sua incrível eficácia dissimuladora e insidiosa.

Essa saída de poder se disfarçar de emancipação e liberdade foi uma bênção para o neoliberalismo. Na realidade, hoje sabemos todos, o ataque à regulação econômica em nome da livre circulação de capitais e a globalização do capital financeiro apenas criariam incrível acumulação de recursos restrita aos muito ricos e sua "elite funcional", o hoje famoso 1% da sociedade. Isso porque, mesmo com ataque frontal aos sindicatos e uma bem-organizada ofensiva à esfera pública pluralista – por meio da compra direta da imprensa corporativa para que se torne um veículo de pregação neoliberal –, a sociedade ainda se mantinha estranhamente apegada a ideias tidas como ultrapassadas pelo neoliberalismo radical, como liberdade, solidariedade e igualdade.

A solução foi recobrir o discurso neoliberal com a aura das lutas pela emancipação. A distinção de Nancy Fraser e Axel Honneth, ainda que meramente analítica, entre distribuição e reconhecimento nos ajuda a compreender esse quadro.[3] A sociedade que se gera a partir do New Deal e da social-democracia pressupõe demandas de justiça dirigidas tanto à distribuição de bens e riquezas, sua dimensão econômica, quanto ao reconhecimento de pertencimento social, sua dimensão "moral", com base em liberdades e direitos. Essa distinção é puramente analítica, posto que também a dimensão econômica e distributiva é perpassada por avaliações morais como o reconhecimento do trabalho, o que já discutimos aqui. É a generalização da aceitação de demandas morais consideradas legítimas que permite o bem-estar econômico. Tendo-se esse cuidado, a distinção se mostra muito útil para a compreensão do neoliberalismo e de suas diversas manifestações concretas.

O neoliberalismo é, antes de tudo, um novo padrão de distribuição de renda e de riquezas, retirando-as das classes trabalhadoras e da classe média para transferi-las para os super-ricos e sua "elite funcional". Esse padrão de distribuição, no entanto, convive com distintos padrões de demandas por reconhecimento e legitimação. Pode ainda, por exemplo, conviver tanto com um padrão de reconhecimento ligado à proteção de valores conservadores (família patriarcal, machismo, racismo, homofobia

3 Nancy Fraser e Axel Honneth, *Redistribution or Recognition?*, 2004.

e xenofobia) quanto com valores progressistas (a emancipação de minorias, a proteção do meio ambiente e o apoio à diversidade cultural e ao multiculturalismo).

Essas duas formas serão, não por acaso, as duas formas de legitimação globalizadas pelo capitalismo americano: 1) uma racista e supremacista, primeiro de modo velado, depois de modo aberto e que se tornaria a extrema direita americana, representada pelo Partido Republicano; e 2) o neoliberalismo "progressista", que volta a ser hegemônico entre os anos 1990 e 2000, e que finge se apegar às velhas bandeiras emancipadoras (mas que na verdade passa a equalizar justiça social com ascensão individual de alguns membros mais "capazes" dos grupos desfavorecidos), que hoje é representada pelo Partido Democrata. Fortaleceu-se, assim, a falácia da meritocracia como ideologia central do capitalismo, justificando o saque rentista como emancipador. Hoje em dia, essa modalidade partidária progressista reflete um campo da disputa política em quase todos os países do Ocidente, inclusive no Brasil de 2025, em que a luta antirracista hegemônica se degrada na defesa do "neoliberalismo progressista" da ascensão individual dos mais capazes entre os oprimidos.

A primeira onda neoliberal não conseguiu, no país mais importante e decisivo – os Estados Unidos –, formar uma hegemonia de longo prazo a partir de uma agenda de reconhecimento arcaica e regressiva. O impacto tanto do New Deal quanto das lutas pelos direitos civis e da contracultura expressiva que o seguem continuava muito forte e decisivo para a maioria da população. É quando surge o "neoliberalismo progressista". A aparente contradição dessa noção significa tão somente a tentativa de revestir sua gigantesca desapropriação distributiva de bens e riquezas com uma versão "para inglês ver", cosmética e superficial, das políticas progressistas na dimensão do reconhecimento.

A ideia era manter e, se possível, aprofundar a grande desapropriação neoliberal com dívidas públicas fabricadas para consumir todo o orçamento público; a flexibilização do fluxo de capitais, acarretando a virtual impossibilidade de cobrar impostos dos mais ricos; e a crescente desigualdade de renda e riqueza, cobrindo-as com as cores e as máscaras da emancipação e da igualdade. Enquanto a proteção ao meio ambiente se dirigia a medidas cosméticas que não substituíam a matriz energética, o multiculturalismo, pensado de maneira meritocrática, tópica e conjuntural, tornava-se uma bandeira facilmente assimilável.

Contudo, a demanda que foi repaginada com os frutos mais insidiosos para a luta pela igualdade foi aquela pela inclusão das minorias perseguidas por motivos de gênero, orientação sexual e etnia. Na medida em que foram incorporadas ao "neoliberalismo progressista", sob o custo de uma interpretação autodestrutiva, por ser uma demanda meritocrática e individualista da busca por igualdade, essas demandas passam a se dirigir e efetivamente integrar, na coalizão dominante, todas as vítimas de perseguição "que já detinham condições privilegiadas" pela sua própria condição de classe. Como diz Fraser:

> A redução da igualdade à meritocracia foi especialmente fatal. O programa neoliberal progressista em busca de uma ordem baseada apenas em status não tinha o objetivo de abolir a hierarquia social, mas "diversificá-la", "empoderando" mulheres "talentosas", pessoas não brancas e minorias sexuais a atingir o topo. Esse ideal é em si mesmo voltado a apenas certo recorte de classe, ajustado para assegurar que indivíduos "merecedores" de grupos "pouco representados" alcancem posições e estejam no mesmo patamar dos homens brancos e heterossexuais de sua própria classe. A variante feminista é reveladora, mas, infelizmente, não é a única. Concentrada em estimular profissionais do sexo feminino a investir na carreira, a almejar posições de liderança e a lutar contra o machismo no ambiente de trabalho, suas principais beneficiárias só podem ser aquelas que já possuem o capital social, cultural e econômico necessário. Todas as outras pessoas ficam excluídas.[4]

Desse modo, de Bill Clinton a Barack Obama, a nova versão repaginada do neoliberalismo progressista conseguiu, com muito sucesso

---

4 Nancy Fraser, *The Old is Dying and the New Cannot be Born*, 2019.

durante certo tempo, disfarçar sua política desapropriadora e geradora de desigualdade crescente com uma pauta aparentemente "igualitária" e "emancipadora". Inclusive, a "terceira via" de Bill Clinton nos Estados Unidos, Tony Blair no Reino Unido e Gerhard Schröder na Alemanha logrou maior efeito destrutivo sobre o aparato protetor do New Deal e a social-democracia do que qualquer governo abertamente conservador antes deles. A aliança de classes que os apoiava conseguia o milagre de abarcar a "fina flor" de Wall Street, do Vale do Silício, da máquina manipuladora de Hollywood e seus congêneres – os "trabalhadores simbólicos" da criatividade e da originalidade para o capital –, além das forças hegemônicas da "diversidade cultural" vendida como emancipação.

No Brasil, essa política foi a base para o "choque de capitalismo" de Fernando Henrique Cardoso e da fase de ouro de dominação ideológica do PSDB. Para a elite paulista, essa foi uma época de ouro: pela primeira vez foi possível conciliar seu domínio econômico expropriador com uma capa ideologicamente convincente – pelo menos por algum tempo. Sob o aspecto da distribuição, os anos FHC mostram uma continuidade impressionante com seus colegas da "terceira via". A principal política foi tornar o Brasil um membro pleno do fluxo de desapropriação do capital financeiro internacional. É nesse contexto que se deve entender o Plano Real, já que os rentistas querem lucro líquido e real e a inflação atrapalha esse tipo de cálculo. A consequência "virtuosa" do Plano Real, embora não intencional, foi o efeito redistributivo para a população como um todo, que se viu livre do "imposto inflacionário".

Mas é com FHC que se constrói a dívida pública como a conhecemos hoje, cuja fonte sempre foi e continua secreta, na ausência de uma auditoria. Esse fato desperta a suspeita bem-fundada de pesquisadores como Maria Lúcia Fattorelli, entre outros, sobre sua origem corrupta – na verdade, a "real corrupção" brasileira, que a corrupção dos tolos, aquela só da política, visa apenas deslocar o foco para tornar invisível o saque real e elitista que deixa o povo pobre e sem futuro. Com FHC, o Brasil entra definitivamente no mercado mundial da globalização realizada a partir da "confederação dos credores" unidos, que se apropriam de toda a poupança social e de todo o orçamento público composto pelo conjunto de impostos.

A partir de então, os impostos deixam de servir à população e passam a servir aos bancos e a seus investidores, internos e externos, em títulos "fabricados" de uma suposta dívida pública. A imensa rentabilidade desses títulos solidifica, de lambuja, o lugar dominante da fração financeira do capital. A partir daí, todos os capitalistas do agronegócio, da indústria e do comércio conseguirão boa parte de seus lucros através da "ciranda financeira" que expropria toda a população em nome do 0,1% de grandes proprietários. O capital financeiro cria sua hegemonia como fração dominante do capital, posto que é ela que organiza a exploração mais vantajosa para todos e ainda a torna invisível, pelo controle da imprensa, produzindo, portanto, o saque perfeito da população.

A força da expropriação da sociedade via dívida pública se consolida enormemente com o apoio da "nova esquerda" e da "terceira via". Ela serve em grande medida para ocultar os mecanismos que regem a nova ordem que se cria. Com a liberalização dos fluxos de capital em escala planetária, possibilita-se a formação de uma fática dominação da expropriação financeira em benefício daquele 0,1%, contra a qual nenhum governo pode mais se proteger adequadamente. Constrói-se a partir daí, na realidade, uma "confederação de credores", que opera na dimensão internacional impondo sua lógica aos Estados nacionais, retirando do âmbito da política parlamentar tradicional a possibilidade real de regular a atividade econômica de sua própria população.

O grosso da política econômica passa a ser decidido, agora, pelos bancos centrais, controlados, por sua vez, pelos grandes bancos, os verdadeiros agentes e intermediários dos "credores unidos". É nesse contexto que se pode compreender por que a imprensa brasileira, vendida aos bancos e a esse mecanismo, defende tanto a "independência" do Banco Central. A independência é obviamente em relação à política e à soberania popular, para que a dependência da sociedade aos bancos e ao saque elitista seja total.

Essa situação motiva analistas como Wolfgang Streeck[5] a falar de uma apropriação prática de boa parte da "soberania popular", precisamente pelo mecanismo de expropriação econômica e política via dívida pública e pela crescente autonomia dos bancos centrais. Como o fluxo de capitais é livre, a ameaça da retirada súbita de capital de um país funciona como uma declaração de guerra de uma potência atômica contra uma sociedade desprotegida.

Desse modo, o capital financeiro controla, de fato, as decisões mais importantes na economia de qualquer país sem qualquer controle efetivo político e democrático. Ainda que existam outras formas de desapropriação da riqueza coletiva em favor do 0,1%, como isenções bilionárias de impostos, privatizações e criação de monopólios, nenhuma é tão potente e tão invisível quanto a dívida pública, cujos mecanismos são "secretos" – certamente por uma boa razão. Foi esse esquema de exploração econômica que primeiro os pioneiros, Reagan e Thatcher, e depois deles, com inaudito sucesso, os neoliberais "progressistas" lograram construir e legitimar. O eufemismo de "desregular" a atividade financeira tem, na realidade, o sentido de eliminar qualquer controle e limite democrático de proteção social. Esse é o acordo essencial que terá de ser revestido com legitimações distintas. A extrema direita vai crescer e se tornar hegemônica se aproveitando da "mentira do neoliberalismo progressista" e no ressentimento que isso vai causar na classe trabalhadora.

O CASAMENTO DAS NOVAS MÍDIAS SOCIAIS COM A EXTREMA DIREITA

Vimos como a "revolução expressiva" foi colonizada pelo capitalismo financeiro para criar uma caricatura de liberdade e criatividade dentro da máquina de moer gente capitalista. O "progressismo neoliberal", logo depois do tratamento de choque de Reagan e Thatcher, foi a tentativa de pintar o mundo que nascia, com sua pornográfica concentração de riquezas, como reino da liberdade e do aprofundamento da democracia.

5 Wolfgang Streeck, *Gekaufte Zeit*, 2021.

Como a questão central do empobrecimento geral causado pelo saque financeiro jamais era enfrentada, a maquiagem de liberdade deixa paulatinamente de funcionar. O desânimo e o ressentimento daí decorrentes vão desaguar em um *backlash*, uma retaliação de grandes proporções, daqueles empobrecidos e sem capital cultural que então viam os supostos beneficiados da caricatura progressista neoliberal como seus inimigos. Tendo em vista que a esfera pública privatizada existe para que os oprimidos jamais percebam quem os oprime, será essa maioria silenciosa de perdedores do capitalismo financeiro neoliberal que vai se engajar de corpo e alma na aventura fascista da extrema direita.

Essa "revolução reacionária" dos perdedores, dos "coringas", foi estimulada enormemente pelas novas redes sociais que se criaram nos últimos vinte anos. Se a televisão e as mídias públicas haviam ajudado a mudança social provocada pela revolução expressiva até os anos 1980, a televisão e a imprensa privatizada mundialmente pelos Rupert Murdoch da vida a partir dos anos 1990 vai distribuir o veneno progressista neoliberal para todo o mundo como a nova panaceia. Nos dois casos, no entanto, a estrutura de anfiteatro das mídias tradicionais, se por um lado deixa o espectador passivo, por outro lado ao menos se refere a algo comum no mundo social compartilhado por todos. A busca da verdade, de um solo comum que todos podem fazer referência, permanece como pano de fundo compartilhado. É isso que explica por que mesmo a mentira neoliberal tinha que se travestir de emancipação. Tudo isso muda com o advento das redes sociais.

É muito interessante notar que também a assim chamada "revolução digital", nos seus inícios no Vale do Silício, também se vendia como aprofundamento da revolução expressiva. Fato é que, mais uma vez, isso comprova uma das teses centrais deste livro: a de que tudo que vemos acontecer hoje foram respostas reacionárias construídas contra o desafio da revolução expressiva. Mais um exemplo, portanto, da antropofagia que o capitalismo opera com as ideias críticas sendo transformadas em seu contrário.

Os tipos sociais dos primórdios do Vale do Silício eram um misto de "liberdade e esquisitice", com uma aura de contracultura e de remodelação do capitalismo. O modelo de negócio por meio de *startups* e empresas de fundo de quintal dava a impressão de um novo capitalismo movido pelo conhecimento de vanguarda e pela inovação. Dizia-se que os primeiros hackers pioneiros destruiriam as estruturas vigentes de poder, ou seja, o fim máximo da revolução expressiva. Stewart Brand, o autor da "bíblia" do Vale do Silício para Steve Jobs, promovia tanto seus novos produtos quanto o estilo de vida hippie. Ele costumava dizer aos seus leitores que "só vocês podem terminar o que os anos 1960 começaram".[6]

Como vimos, o capitalismo sempre se veste com pele de cordeiro para esconder seu DNA de predador. O capitalismo em si mesmo é incapaz de autorregulação, dado que o fito do lucro a qualquer preço impede a consideração de outras variáveis. É isso que faz a "revolução digital" tão perigosa. Como a impulsão de um conteúdo depende da capacidade de engajamento, ou seja, de tempo passado nas redes, os conteúdos que geram mais engajamento, pelo próprio modelo de negócio, serão privilegiados. Nesse sentido, as redes deixam de ser canais anódinos ou neutros e passam a criar e recriar conteúdos falsos, na sua imensa maioria, que provocam indignação. E nada provoca mais indignação do que as fake news criadas justamente para provocar esse efeito.

O advento das novas mídias sociais não cria a extrema direita por si mesma. A técnica é em si anódina e pode ser usada pelos objetivos políticos e morais os mais diversos. O que a torna perigosa é o modelo de negócios que condiciona o tipo de mensagem e de conteúdo que será o predominante. Não são as mídias em si, mas o princípio do lucro a qualquer custo que as rege, que determina o caos social que elas criam. Afinal, o caos angustia e dá medo, ou seja, torna-se o combustível dos engajamentos em um processo de retroalimentação crescente.

O real pano de fundo do fascismo hoje reinante é a revolta cega, dos empobrecidos com pouca educação formal, que desconhecem seus reais

---

6 Max Fischer, *A máquina do caos*, 2024, p. 67.

inimigos e são facilmente manipulados para enxergar, nas minorias perseguidas, os seus reais inimigos. A partir desse repositório social de humilhação muda e ressentimento popular difuso é que as redes sociais fizeram seu trabalho de destruir qualquer pano de fundo comum e fragmentar inapelavelmente a realidade social.

Nos inícios do Vale do Silício, o *feed* de notícias e o algoritmo são criados para uma retroalimentação do sentimento de validade e pertencimento social. Isso impele a busca incessante e inconsciente por aprovação social por meio de um mecanismo automatizado, projetado para voltar as nossas necessidades mais básicas contra nós mesmos. A dopamina do prazer liberada quando sentimos aprovação social permite, de quebra, colonizar o corpo além da mente.

O que passa a ser manipulado e voltado contra nós mesmos é a nossa necessidade mais básica como seres humanos: a de "reconhecimento social". Quando somos "respeitados" pelos outros nos sentimos "reconhecidos" como gente. Tal respeito e validação possibilitam a construção de nossa autoestima e autoconfiança – portanto, de uma autoimagem positiva. Os *likes* e comentários servem para isso, sem o que nos sentimos desvalorizados e descartáveis, o que gera um sentimento de impotência. Isso leva, com frequência, à solidão, ao álcool, à depressão e a todas as endemias crônicas de nossa época.

O motor de nosso comportamento não é dinheiro ou poder, como se imagina. Não passam de meios para alguma coisa e nada são em si mesmos. As pessoas vão atrás de dinheiro e poder de modo tão neurótico porque a distinção social positiva, ou seja, o reconhecimento social de nossa sociedade aos abastados e poderosos, é o real e efetivo motor de todo esse processo. É isso que explica que alguém que tenha acumulado US$ 1 bilhão e que, literalmente, pode comprar o que quiser não descanse e se dedique, por exemplo, às pessoas que ama, saindo alucinadamente à cata de novos bilhões. Não é, portanto, uma necessidade econômica que produz a corrida ao dinheiro, mas sim uma busca por reconhecimento e prestígio social. E é precisamente essa necessidade social, a mais fundamental para cada um de nós, que passa a ser instrumentalizada e manipulada pelas redes sociais contra o nosso melhor interesse.

Aqueles que não são bilionários, e perfazem a imensa maioria de perdedores do saque financeiro global, são também gente humana com a mesma necessidade vital de reconhecimento social. Só que eles são "humilhados" pela pobreza, pelo descaso, pela impossibilidade de levar uma vida digna e pelo vazio de uma existência percebida como sem sentido. A humilhação não precisa ser consciente ou percebida enquanto tal para existir. Aliás, quase nunca esse é o caso. Quem não tem acesso às benesses do mundo moderno, como acesso à cultura, à educação e à saúde de qualidade é, objetivamente, queira ou não, humilhado.

A humilhação é um sentimento que destrói o ser humano por dentro. A humilhação é uma micropolítica da vida cotidiana que se mostra no desprezo das instituições e no desprezo cotidiano dos encontros intersubjetivos de quem é olhado de cima para baixo. Ela é "sentida" todos os dias, embora as pessoas não a articulem conscientemente. Como quase todo mundo é pobre ou empobreceu e nunca compreendeu – em um contexto de mídia privatizada e regida pelo dinheiro e pelas escolas sucateadas – quem ou o que provoca sua pobreza e indignidade, as redes sociais podem guiar esse público carente na medida em que oferecem simulacros de pertencimento e reconhecimento social. Para quem nada tem, isso é muito.

Assim, quando o engajamento nas redes sociais cria o medo de um suposto perigo externo por uma fake news, surge então a identidade intragrupal imediata construída sobre um ódio comum, que começa a se retroalimentar com o medo. Imediatamente, todos os pobres-diabos empobrecidos do neoliberalismo se sentem parte de alguma coisa valiosa que transcende a vida amesquinhada que são obrigados a viver todos os dias. Os que nunca foram aceitos se sentem como se pertencessem a alguma comunidade, acolhidos e ouvidos, e que existe muita gente na mesma situação. Sua solidão acaba e sua humilhação é convertida em ação política que se quer virtuosa. Imaginam-se soldados de uma causa nobre, nem que seja pela violência purificadora do genocídio, como aconteceu em Mianmar.[7]

O sucesso das redes sociais foi provocado pelo fato de terem percebido cedo, por tentativa e erro, que a manipulação das necessidades emocionais dos humilhados e ofendidos, cerca de 80% da população da Terra, é uma mina de ouro como nenhuma outra. Como a necessidade por reconhecimento social – que se opõe à humilhação – é a nossa necessidade maior e mais importante, manipulá-la e controlá-la é o maior negócio do planeta. Na era do capitalismo financeiro, o que mais temos são humilhados inconscientes de sua situação e de quem provocou seu estado de penúria. Não à toa os donos das redes sociais são os donos do mundo. Afinal, são eles que controlam a real e verdadeira necessidade humana universal. Essa mina de ouro é mais valiosa que todos os poços de petróleo que existem.

O fito de lucro dessas empresas privadas vai, naturalmente, direcionar o público ativamente para conteúdos que promovam litígios, preconceitos, ameaças e teorias conspiratórias porque com elas se ganha muito mais dinheiro. Parafraseando o grande Cazuza: transformam o mundo inteiro em um puteiro porque assim se ganha mais dinheiro.

A cultura da raiva e do conflito predomina na internet porque é promovida e impulsionada artificialmente. Se a cultura neoliberal das mídias tradicionais vai fingir que saque financeiro e pobreza geral podem ser contrabalançados com uma emancipação para inglês ver pela ascensão individual de uma ínfima minoria de negros e mulheres mais "capazes", a extrema direita vai colher todos os frutos da desilusão geral contra esse embuste. E vão ser as redes sociais os meios mais adequados para canalizar o descontentamento. Apesar de as duas vertentes terem nascimento semelhante, a extrema direita só se organiza como força política dominante pela crítica racista e reacionária ao vazio produzida pela farsa do "neoliberalismo progressista".

Porém as redes sociais não apenas "canalizam" a insatisfação geral, causada sobretudo pelo empobrecimento generalizado e não compreendido nas suas causas reais. Como a métrica para chamar atenção na rede

---

7 *Ibidem.*

é uma só, os cliques e os *likes* ou sobem ou descem; então, quem está na rede e deseja atenção tem que subir o volume, tem que ser o mais extremado. E isso tudo foi empacotado ainda como se fosse discurso contra um "sistema", o qual, obviamente, ninguém define – porque o "sistema" são eles mesmos. O invólucro aqui é a missão de derrubar velhos costumes, em nome de um mundo mais verdadeiro e autêntico de liberdade de expressão e pensamento independente. A caricatura da revolução expressiva é onipresente em todos os casos, inclusive na extrema direita.

A lógica algorítmica, se não cria do nada, pelo menos estimula fortemente a radicalização política no sentido mais conservador. A "alt-right", a direita alternativa de Steve Bannon, nasceu nas margens juvenis da internet, como a cultura gamer:[8] um massivo público masculino de jovens inseguros e misóginos que se sente ameaçado pela liberação feminina. Essa nova tendência não passou despercebida pela extrema direita. As redes haviam cultivado um enorme público masculino disponível para o nacionalismo, a misoginia e o supremacismo branco na juventude americana. A direita alternativa prometia diversão, transgressão e desafio a normas sociais que os jovens não entendiam. Trump nadou de braçada nesse pântano. Bolsonaro também. Afinal, os dois incorporam o mesmo caráter e estilo que os cafajestes da internet procuram. A mescla vitoriosa aqui é o mix da cultura troll da internet com a direita popular.

E foi assim que a direita tomou da esquerda o imaginário da indignação popular. Hoje quem reúne explorados e oprimidos nas ruas é a extrema direita. Mais uma vez reencontramos aqui as pegadas da revolução expressiva dos anos 1960 e 1970. Tudo se dá em nome da autenticidade e da liberdade. As redes sociais e a extrema direita recriam e aprofundam a caricatura que o neoliberalismo identitário progressista havia engendrado com a revolução expressiva. Sob a capa da defesa da "liberdade de expressão", as bandeiras libertárias da revolução expressiva constroem agora o seu perfeito contrário: uma cultura da provocação e do ódio.

8 *Ibidem*, p. 106.

4. UMA NOVA FORMA DE DOMINAÇÃO SOCIAL

A AÇÃO COMUNICATIVA: O QUE PERDEMOS QUANDO O DINHEIRO MANDA EM TUDO?

Vimos que o real grande inimigo do capitalismo, nos últimos cinquenta anos, não foi mais o comunismo, mas sim a revolução expressiva realizada por seus próprios filhos, bem-educados em boas universidades públicas, em um contexto de esfera pública livre infensa ao dinheiro. Ao comunismo foi contraposto, com sucesso no Norte global, o Estado de bem-estar social. No entanto, foram precisamente os efeitos inintencionais do Estado de bem-estar social que estimularam a revolução expressiva, com seu antiprodutivismo e seu radical antiautoritarismo, que passaram a assombrar os capitalistas. Afinal, educação de qualidade e esfera pública plural, produtos diretos do Estado de bem-estar social, constroem pessoas com capacidade de reflexão própria. Pessoas capazes de reinterpretar a si próprias e o meio social em que estão inseridas.

O extraordinário sucesso da revolução expressiva, ganhando corações e mentes da juventude no planeta inteiro, foi o fato primeiro que engendrou todo o mundo criado após 1970. Aquilo que devia ser uma barreira ao comunismo que se expandia se tornou o pior inimigo que o capitalismo jamais construiu em sua história. A organização de trabalhadores e de estudantes mobilizados conseguiu um feito após o outro. Várias instituições adotaram um novo formato; o estilo de vida das pessoas e todo o vestuário e hábitos cotidianos mudaram. A revolução expressiva parecia tomar toda a sociedade de assalto.

No plano econômico e político, foi a época de maior gasto em infraestrutura pública e de maior justiça fiscal, em que os ricos pagavam mais para manter o bem-estar geral. A justiça fiscal associada à organização dos trabalhadores fazia com que a taxa de lucro dos capitalistas diminuísse com o tempo. Tudo parecia indicar a construção de uma sociedade moldada, pela primeira vez na história, pela reflexão pública inteligente. A racionalidade humana foi usada para aprofundar práticas do bem-viver coletivo, mantendo a liberdade de escolha de cada indivíduo. E a besta capitalista parecia caminhar para a domesticação. Essa foi a real revolução de consciência que se tornaria inimiga número um de todos os ricos e endinheirados do planeta.

Antes de adentrarmos na estratégia utilizada pelos super-ricos para acabar com a festa popular e manipular e adestrar o público, precisamos compreender o que havia tornado a revolução expressiva possível e vitoriosa. Porque se não compreendermos isso direito, não compreenderemos as armas utilizadas pelos seus inimigos e os efeitos que elas causaram e nos causam até hoje. Mais importante ainda: não podemos compreender "o que", exatamente, está sendo destruído pela ofensiva neoliberal e de extrema direita. Talvez nenhum autor tenha oferecido uma resposta tão completa a essa questão do que Jürgen Habermas, que é, não por acaso, a maior inspiração deste livro.

Esse lugar especial se legitima pelo fato de Habermas, mais do que qualquer outro grande pensador clássico ou contemporâneo, ter dedicado sua vida a entender o que ele chama de "ambiguidade constitutiva" do capitalismo ou da sociedade ocidental. Ele é um ponto de inflexão vigoroso na filosofia e nas ciências sociais modernas, e reformula radicalmente o panorama e os pressupostos fundamentais do pensamento crítico.

Como já debatemos anteriormente com mais vagar, Habermas critica o otimismo marxista quanto ao poder libertador da ciência e da técnica.

A filosofia da história, ou seja, a teleologia histórica implícita no marxismo, era a de que o progresso técnico e a afluência material daí resultante tornariam supérfluas a dominação e a violência nas relações sociais. Sob o impacto do diagnóstico weberiano da época, que via a razão instrumental embutida na ciência dominar todas as esferas da vida social, amesquinhando as questões prático-morais em questões técnicas, passa a ser um aspecto essencial de toda a teoria crítica pós-marxista, precisamente a distinção entre emancipação política e progresso técnico.

A emancipação política deixa, assim, de ser uma mera consequência das contradições do capitalismo. Agora, a liberdade política tem que ser conquistada "contra" as tendências do capitalismo. O problema é que a Escola de Frankfurt repete o mesmo reducionismo marxista ao contrário, fazendo com que a emancipação deixe de ser um projeto histórico e se transforme em escatologia. Habermas vai articular sua crítica a todas essas tendências para formular seu diagnóstico inovador. Seu principal mérito está consubstanciado na tentativa de superação do paradigma da razão instrumental, seja na sua avaliação positiva por Karl Marx, seja na sua avaliação negativa em Max Weber e nos frankfurtianos. O mundo moderno deixa de ser visto unicamente como o produto de uma perversa "dialética do iluminismo",[1] presa de uma razão instrumental tornada totalitária.

Contra Marx temos a afirmação do conteúdo universalista das conquistas da moral burguesa, as quais não seriam meramente ideológicas. Contra Weber temos a proposição de uma racionalidade moral pós-tradicional (ou seja, pós-religiosa), irredutível à razão instrumental, como algo específico à sociedade moderna. E contra os frankfurtianos temos a tese de que os fundamentos normativos da crítica social estão inscritos no próprio objeto de análise, assumindo, portanto, a forma de uma crítica imanente à sociedade.

1 Theodor Adorno e Max Horkheimer, *Die Dialektik der Aufklärung*, 1981.

Vamos explicitar cada um desses pontos a seguir. Eles formam no seu conjunto o que Habermas chamou de "teoria da ação comunicativa",[2] o que nos ajudará a compreender a questão central acerca do que exatamente está sendo destruído diante de nossos olhos. Apesar de Habermas ser um autor complexo, veremos mais detidamente o núcleo do seu pensamento, para que qualquer pessoa de boa vontade compreenda o que está em jogo.

Vimos, anteriormente, que Habermas constrói um conceito "descritivo" de esfera pública. "Descrever" não é, no entanto, "explicar". Ele descreve a construção histórica e paulatina de instituições e de um espírito novo de debate público no alvorecer do capitalismo na segunda metade do século XVIII. Esse novo elemento vai mudar a forma como a dominação será exercida e exigirá uma discursividade do poder que agora precisa se explicar e se comprovar como de interesse comum. Habermas, como profícuo pensador de seu tempo, se dedica à compreensão dessas duas lógicas, a lógica instrumental da acumulação de capital, por um lado, e a lógica da argumentação e do debate público racional, por outro.

Ele percebe que o mundo moderno e capitalista só pode ser compreendido na sua "dualidade", ou como ele gosta de dizer, na sua "ambiguidade constitutiva". Um lado dessa ambiguidade é o de mais fácil percepção. A lógica da acumulação infinita de capital tende a colonizar e destruir as lógicas particulares das outras esferas não econômicas da sociedade. Por exemplo, na famosa tese de Adorno e Horkheimer acerca da "indústria cultural", temos a necessidade de acumular mais dinheiro se sobrepondo ao intuito pedagógico de todo bem simbólico. Assim, para vender ao maior público, a mercadoria simbólica no capitalismo deve reduzir ao mínimo sua "dificuldade" de compreensão, o que a inutiliza como fonte de entendimento. Em vez do efeito de "conhecimento", típico do bem simbólico, temos o efeito de "reconhecimento", ou seja, a repetição de clichês e lugares-comuns que congelam a inteligência pública.

2 Jürgen Habermas, *Die Theorie des kommunikativen Handelns,* 1981.

O que temos como resultado é uma esfera cultural – no cinema, no teatro, na literatura, na TV – que repete todos os clichês para provocar emoção fácil no público. Impede-se, assim, o potencial formador da personalidade, que só o bem simbólico que possibilita real aprendizado consegue promover. O aprendizado de novos significados só é possível quando o público é desafiado a usar sua inteligência. A repetição de clichês embota a inteligência, a novidade, a aventura do conhecimento, e instaura o mesmo e o eterno ontem. O que se perde quando o dinheiro invade o mundo cultural é nada mais nada menos que a capacidade reflexiva do ser humano.

E onde fica o "outro" da lógica capitalista, para Habermas? Qual é a esfera "positiva" do desenvolvimento capitalista ocidental? É aqui que os conceitos de esfera pública e ação comunicativa se encontram.

Uma primeira tentativa de compreender a ambiguidade da sociedade moderna foi feita por Habermas no artigo *Técnica e ciência como ideologia*.[3] Nesse texto de 1968 temos uma novidade marcante em relação à "mudança estrutural" que analisamos anteriormente, que é a tentativa de nomear o que é destruído na unilateral modernização ocidental.

Para isso Habermas vai postular a existência de duas dinâmicas no mundo moderno: a do mundo normativo, possuidor de uma racionalidade própria irredutível à lógica instrumental; e a do mundo racionalizado pela lógica instrumental do dinheiro. No entanto, isso não basta. O apelo a uma dimensão normativa ainda é meramente descritivo e não se aprofunda sobre a expectativa de normatividade compartilhada, inscrita na realidade social empírica, que é o que Habermas busca determinar e explicar.

Para uma melhor fundamentação de sua tese, Habermas empreende no decorrer da década de 1970 dois passos fundamentais para a constituição daquela que viria a ser sua obra máxima, *Teoria da ação comunicativa*, de 1981.[4]

3 Jürgen Habermas, *Technik und Wissenschaft als Ideologie*, 1975b.

4 *Idem*, *op. cit.*, 1981.

O primeiro passo é a busca das precondições da experiência comunicativa de modo a mostrar a sua anterioridade e originalidade em relação ao seu uso instrumental e manipulador. Sem isso, Habermas não poderia comprovar seu ponto, que postula a existência de algo que não se reduz à lógica instrumental do lucro capitalista comandando tudo e todos.

Para tanto, ele propõe uma explicação (quase) transcendental da experiência comunicativa. A análise transcendental, como Immanuel Kant a utilizou, por exemplo, implicava provar a existência de um fenômeno não apenas pela sua manifestação empírica, mas pela sua condição de possibilidade. Assim, mesmo se não podemos ver ou tocar algo, ao menos podemos saber que aquilo existe, posto que, na ausência dessas precondições, não seria possível vivenciar determinado tipo de experiência. Kant se baseou nessa forma de análise para, por exemplo, estabelecer as possibilidades e os limites de nossa capacidade de conhecer teoricamente o mundo.

De modo similar, Habermas vai propor uma abordagem que ele chama de "pragmática universal", o estudo dos pressupostos implícitos a toda forma de diálogo e de fala. Para Habermas, cada um de nós, quando entra em interação social por meio da fala, tendo consciência disso ou não, postula "reivindicações valorativas" ao seu interlocutor. A intuição fundamental que constitui o fio condutor da teoria habermasiana e lhe confere singularidade e originalidade é que a atualização da língua em situação de diálogo ou da fala em geral pressupõe uma racionalidade procedimental que abrange todos os momentos da razão humana no sentido kantiano do termo: o momento cognitivo-teórico, o prático-moral e o estético-expressivo.

O postulado é que o lugar da razão se encontra em uma "comunidade linguística" e não no sujeito isolado e individual, como defenderam Descartes e Kant. Habermas propõe uma mudança de paradigma na filosofia: o paradigma intersubjetivo deve substituir a filosofia da consciência isolada. Reconstruir os pressupostos dessa comunidade linguística é precisamente o objetivo da pragmática universal que deve reconstruir o sistema de regras que geram a possibilidade do diálogo.

Fundamental é antes de tudo perceber que em uma situação de diálogo eu não apenas "digo" ou comunico alguma coisa, mas também "atuo", ou seja, efetuo uma ação. No exemplo "Prometo a você que volto amanhã", eu não apenas comunico uma promessa, mas "prometo" de fato algo, ou seja, assumo um compromisso com o interlocutor, o que tem consequências para mim. Os atos linguísticos como unidades elementares do diálogo apresentam, portanto, uma estrutura dupla: como no exemplo citado, eles são formados por um componente performativo – no caso, o "prometo a você"; e por um elemento proposicional – no caso, "que volto amanhã". O primeiro elemento, o performativo, é o dominante, posto que determina a forma como a proposição é utilizada, constituindo uma relação entre emissor e receptor. O segundo é dependente e indica "sobre o que" o emissor e o receptor se comunicam.

Um entendimento entre emissor e receptor só se efetiva quando os dois níveis são consumados. O primeiro nível é o da intersubjetividade, no qual os atores se entendem entre si. O segundo nível é o do objeto sobre o qual os atores se entendem. Habermas defende que o componente performativo – que J. L. Austin, o filósofo da virada performativa na teoria dos significados, havia chamado de "força ilocutiva" – possui um núcleo "racional" (diferentemente do que imaginava Austin). Essa base racional do componente performativo e ilocutivo reside no seu caráter cognitivo, ou seja, é passível de exame discursivo e racional baseado em argumentos acerca das reivindicações valorativas contidas no elemento ilocutivo. Para Habermas, tais reivindicações são exatamente três: à verdade, à justiça e à sinceridade.

Os atos linguísticos que compõem o nosso diálogo cotidiano pressupõem, portanto, três distinções fundamentais para que a comunicação se estabeleça. A primeira é a distinção entre ser e aparência (*Sein und Schein*), que confere sentido à reivindicação sobre a verdade; a segunda é a distinção entre ser e dever ser (*Sein und sollen*), que inspira a reivindicação à justiça; e, finalmente, a distinção da antinomia entre realidade e ilusão (*Wesen und Erscheinung*), que confere sentido à reivindicação à sinceridade.

O pressuposto dessa ruptura com a tradição anterior é a teoria consensual da verdade, que se recusa a perceber a verdade como uma relação reflexa entre uma proposição e uma realidade. Para Habermas, só a argumentação pode revelar a validade de uma reivindicação sobre a verdade. A verdade é, portanto, um processo discursivo, tendencialmente consensual, consumado por meio de razões criticáveis levadas a cabo por seres racionais capazes de aceitar ou recusar um argumento de forma fundamentada.

Decisivo para a originalidade da abordagem habermasiana é o deslocamento, em relação a Austin, do lugar da racionalidade da ação linguística do conteúdo proposicional para o performativo. Destrói-se o monopólio da reivindicação valorativa à verdade, abrindo espaço para questões que não se reduzem à opção de verdadeiro ou falso. É por isso que as questões prático-morais também podem ser motivadas e validadas racionalmente. Quanto à reivindicação sobre a sinceridade, esta não é passível de resgate discursivo baseado em argumentos. Afinal, o mundo subjetivo tem acesso restrito ao emissor, diferentemente dos mundos objetivo e social compartilhados por todos em pé de igualdade. Tal circunstância faz com que a reivindicação à sinceridade seja criticável apenas a partir do comportamento subsequente do emissor.

Quando fracassa o entendimento baseado em normas morais ou regras cognitivas, implicitamente aceitas e reconhecidas por todos nós na dimensão da vida cotidiana – ou seja, quando a oferta linguística do emissor é criticada pelo receptor –, há duas alternativas: a mudança para uma orientação estratégica que renuncie à busca por entendimento ou a passagem ao nível do discurso. O que Habermas chama de "discurso" é a suspensão do pano de fundo de obviedades que todos compartilhamos sem grande reflexão na vida do dia a dia, em favor de uma problematização dos pressupostos da ação. No discurso só pode ser decisiva a força do melhor argumento. Os tipos de discurso são dois: o teórico, para a resolução de questões relativas à reivindicação sobre a verdade; e o prático-moral, que se refere à justiça intrínseca das proposições.

Toda a argumentação habermasiana de sua intuição fundamental do diálogo como prenhe de moralidade e reivindicações morais é o primeiro passo para sua revisão completa da sociologia e da filosofia contemporâneas. A grande questão da teoria crítica na sociologia e na filosofia sempre foi tentar perceber onde reside o núcleo moral da vivência intersubjetiva em sociedade. Isso era impossível na filosofia da consciência inaugurada por Descartes e Kant. Habermas mostra como o paradigma da intersubjetividade deve substituir a filosofia da consciência, se quisermos compreender como funciona o substrato moral e normativo da sociedade. Afinal, é essa vivência intersubjetiva, possibilitada pela linguagem, que remete a uma forma de solidariedade pós-tradicional (pós-religiosa) que ancora compromissos morais implícitos, mas passíveis de ser explicitados.

Na sociologia, como já vimos aqui, Marx foi presa da ilusão iluminista do poder intrinsecamente libertador da ciência e da técnica, como se fosse algo independente da vivência e da moralidade intersubjetiva. Max Weber imaginava uma razão instrumental totalitária que acabaria por tomar todo o mundo social. E a Escola de Frankfurt imaginava saídas desesperadas, ancoradas no potencial artístico, da "jaula de ferro" da razão instrumental weberiana.

Ao contrário da filosofia e da sociologia anterior, Habermas vai buscar um substrato imanente, presente na vida diária das pessoas e atualizado todos os dias, que remete ao cerne da moralidade intersubjetiva contemporânea potencialmente racional. A procura por um substrato sólido que pudesse mostrar que a própria sociedade havia construído um antídoto contra a mentira, o engano e a injustiça foi a grande questão de toda a teoria crítica da sociedade no século XX.

Habermas não está pleiteando, é bom que se diga, que o mundo social seja sempre racional e bom. Isso ele sabe que quase nunca acontece. Não é assim que funcionam as coisas. O que ele quer fundamentar é a busca das precondições da experiência comunicativa a fim de mostrar sua anterioridade e originalidade em relação ao seu uso instrumental e manipulador.

Sem isso Habermas não poderia comprovar seu ponto principal, que postula a existência de algo que não se reduz à lógica instrumental do lucro capitalista comandando tudo e todos; sem isso, portanto, não é possível uma teoria crítica real que esclareça como refazer o mundo social e não apenas rejeitá-lo sem pensar em uma reformulação. Sem isso, afinal, não se demonstra de que modo a "sociedade aprende" e sob qual fundamento ocorre esse aprendizado coletivo. E, acima de tudo, não se poderia mostrar que a moralidade reflexiva que ele defende está embutida nas próprias práticas sociais das quais todos participamos, sendo a possibilidade de crítica, portanto, imanente ao objeto estudado, ou seja, faz parte da realidade social compartilhada realmente existente. Com isso, Habermas quer dizer que a crítica social não precisa ser abstrata e utópica, já que está inscrita na realidade existente.

Complementar ao papel fundamental da pragmática universal, Habermas desenvolve, também nos anos 1970, muito especialmente em *A reconstrução do materialismo histórico*,[5] uma teoria da evolução social, que confere uma dimensão diacrônica à dimensão sincrônica da pragmática universal. O aspecto diacrônico e histórico da ação comunicativa, portanto, tem a ver com a progressiva racionalização de três aspectos ou reivindicações valorativas implícitas na ação comunicativa. Sob a palavra-chave "linguistificação do sagrado" (*Versprachlichung des Sakralen*),[6] Habermas mostra como apenas na sociedade secular moderna temos a superação do tabu religioso que cobria todas as principais questões da vida. Ou seja, a sociedade moderna não é só fraude, mentira e manipulação – há um outro lado que seria "positivo". Afinal, sem tabus, a competência linguística permite, pelo menos virtualmente, desenvolver todo o seu potencial racional.

5 Jürgen Habermas, *Die Rekonstruktion des historischen Materialismus*, 1979.

6 Jürgen Habermas, *op. cit.*, 1981.

Agora Habermas pode esclarecer a questão acerca de como a sociedade aprende a desenvolver alternativas mais racionais e inclusivas ou, por exemplo, como a revolução expressiva dos anos 1960 e 1970 aconteceu e compreender como isso foi possível. O aparato institucional formado por boas escolas e universidades públicas de acesso universal, juntamente com uma rede de mídias públicas, que não são particulares nem estatais, logrou construir um fundamento sólido para o extraordinário avanço da ação comunicativa em várias sociedades concretas. Quando é possível criticar tudo de forma livre e fundamentada, então refazemos acordos sociais inteiros e libertamos os oprimidos, como os trabalhadores, as mulheres e as minorias, dos preconceitos que eram a causa de sua subordinação.

Atualmente vivemos, no entanto, o *backlash*, a vingança dos ricos contra essa nova situação que havia sido criada pela revolução expressiva. E aqui Habermas pode também ser muito útil, para compreendermos o que está sendo efetivamente destruído no avanço da extrema direita e do fascismo. De que modo, exatamente, se está destruindo a forma da convivência social em todos os lugares? O que é preciso destruir para se avançar nesse projeto? Se lamentar em relação ao mundo não resolve isso. É necessário compreender quem é nosso inimigo, como ele age e como reavivar toda a potência da comunicação humana em sociedade.

A DESTRUIÇÃO DA ESFERA PÚBLICA

Sempre é necessário recorrer à perspectiva histórica para analisar o presente, que de outro modo se torna incompreensível. As causas e os motivos originais que levaram a determinado fenômeno estão inscritas na realidade que presenciamos todos os dias. Perceber tais causas e motivos originais é o que pode nos empoderar para batalhas futuras, sabendo por que estamos lutando e contra quem, o que, convenhamos, não é algo óbvio. A revolução expressiva dos anos 1960 e 1970, talvez o fio condutor mais importante deste livro, é o ponto central para compreendermos tudo que acontece nos dias de hoje – muito porque o amesquinhamento programado da razão humana atualmente está sendo vendido como liberdade e autonomia.

Toda implantação do capitalismo financeiro e do neoliberalismo a partir dos anos 1980 e 1990 se deu em nome da liberdade, da globalização, da criatividade e da inovação. Vimos aqui como o mundo do trabalho foi meticulosamente controlado e disciplinado ao utilizar o vocabulário revolucionário da criatividade, liberdade e inovação para legitimar a apropriação completa do trabalhador. O capital no chão da fábrica não precisa mais se preocupar com a vigilância dos trabalhadores porque agora eles mesmos se vigiam e vigiam todos os outros. Isso tudo vendido como se o sonho maior do movimento dos trabalhadores na história, a reapropriação do trabalho pelo próprio trabalhador, tivesse sido realizado.

Também em nome da "livre circulação de capitais" foi criado um aparato de controle que reduziu enormemente o raio de ação da imensa maioria dos Estados nacionais, permitiu a evasão universal de impostos via paraísos fiscais e criou "dívidas públicas" galopantes para se apropriar universalmente dos orçamentos públicos. Isso tudo nunca foi visto como "corrupção", apesar da obviedade (afinal, por definição, corruptos são só os países do Sul global, discurso que legitima o saque imperial), mas como "negócio" bem-feito.

O capital financeiro globalizado e comandado pelos Estados Unidos retira, na prática, a maior parte das decisões político-econômicas da soberania popular e as desloca para organismos "técnicos" como os bancos centrais. Para Wolfgang Streeck,[7] quem manda no mundo é o conjunto de bancos centrais sob tutela dos bancos privados e do capital financeiro privado que especula com as dívidas públicas (em muitos casos, como o nosso, não auditadas). Essa já é uma ferida letal para a democracia, que

7 Wolfgang Streeck, *Gekaufte Zeit*, 2021.

pressupõe que seus eleitores possam decidir escolher em conjunto as grandes questões da sociedade.

A partir dos anos 2000 se dá, no entanto, o casamento entre o capital financeiro, que expropria todo mundo em favor de uma meia dúzia, e o Vale do Silício, criando o capitalismo infofinanceiro cujos efeitos percebemos hoje todos os dias no mundo inteiro. Depois que o capital financeiro neoliberal privatizou grande parte da imprensa tradicional nos anos 1990 (Rudolph Murdoch foi apenas um entre muitos a adquirir meios de comunicação poderosos explicitamente para veicular o ideário neoliberal), as redes sociais e o capital informacional podem, agora, escrever o jornal diário construído com precisão de alfaiate para influenciar e manipular cada um de nós. Essa segunda etapa é muito mais agressiva na capacidade de criar uma opinião pública ao seu feitio.

Também o capitalismo digital tira onda de libertário, e não apenas pelo estilo de vida e visão de mundo dos seus pioneiros do Vale do Silício, que se viam como portadores da revolução expressiva para o novo mundo que surgia, como nos conta Mark Fischer.[8] As redes sociais são o instrumento de dominação mais eficiente já inventado; afinal, agora, a dominação não é mais percebida como efeito de algo externo contra nós, mas parte de nós mesmos – afinal, somos nós que damos os likes e fazemos os comentários, e tudo parece ser dirigido por nós mesmos. Mais uma vez, como veremos, ledo engano.

A NOVA FORMA DE DOMINAÇÃO POLÍTICA

A formação da psique humana, como hoje a conhecemos, não é um dado natural, mas sim uma construção histórica recente. Para Norbert Elias,[9] por exemplo, a psique moderna pressupõe a construção do Estado com o

8 Max Fischer, *A máquina do caos*, 2024.

9 Norbert Elias, *Das Prozess Zivilisation*, 1980.

monopólio da violência considerada legítima, que exige o desarmamento da população à pacificação da sociedade. É a partir desse ponto do processo civilizatório que passamos a contar com uma instância de moralidade agora internalizada, chamada por Sigmund Freud de superego.

Antes disso, o comportamento social era regido pelos impulsos emocionais e afetivos, limitados apenas pela força externa do mais forte. Agora passa a existir um mecanismo interno que julga antes de agir. Com o tempo, é desnecessário o uso da ameaça externa, que é utilizada hoje, em condições normais, apenas para garantir em última instância a ordem social. A construção social e histórica do superego, apesar de ancorada na própria subjetividade, precisa de vigilância constante. É esse contexto que cria a "sociedade disciplinar", como reconstruída por Michel Foucault.[10]

Para Byung-Chul Han, entramos em um novo paradigma de dominação social, que teria substituído o regime disciplinar foucaultiano, que ele chama de "infocracia" ou regime da informação.[11] Não se trata mais, como no regime disciplinar, do controle dos corpos e da energia corporal. O que passa a ser decisivo é o controle do fluxo de informação e dados. Assim, o decisivo deixa de ser o mero controle dos meios de produção e a vigilância panóptica de todos os corpos, sendo mais relevante, agora, o acesso a dados utilizados para vigilância, controle e prognóstico de comportamentos psicopolíticos.

Por conta disso, o Vale do Silício celebrou a si mesmo como libertador e instrumento das conquistas da revolução expressiva. Essa foi talvez a fake news fundante que criou o vale e sua autolegitimação. A liberdade, como nos ensinou Georg Simmel,[12] é uma percepção relacional, ou seja, é sempre julgada de acordo com os constrangimentos sociais que a precediam, criando a sensação de liberdade precisamente pela ausência dos constrangimentos anteriores e pela ainda não percepção dos novos

---

10 Michel Foucault, *Vigiar e punir*, 1980.

11 Byung-Chul Han, *Infocracia*, 2022.

12 Georg Simmel. *Grundfragen der Soziologie*, 2010.

constrangimentos. Assim, os novos constrangimentos à liberdade tendem a não ser percebidos na passagem de um regime de controle social para um outro. E é aí, precisamente nessas épocas históricas de transição, que a prisão pode ser percebida como libertação.

O regime da informação está acoplado ao capitalismo infofinanceiro que degrada os seres humanos em animais de consumo e dados. O novo regime de dominação torna obsoletas as técnicas disciplinares para forçar os indivíduos à obediência. O sujeito do regime informacional não se percebe como dócil nem obediente, mas sim como livre, autêntico e criativo, exatamente as mesmas promessas libertárias de modos de ser da revolução expressiva. Isso mostra o extraordinário peso e a força dessas ideias até hoje, bem como legitima o fio condutor deste livro: o de que a máscara da nova opressão tem que vestir as cores da liberdade. A força do novo regime de dominação reside precisamente aí: ele não é percebido como dominação nem como algo externo ao sujeito, mas como algo que ele próprio produz e performa.

Assim, a sofisticação do novo regime pode ser entendida claramente quando percebemos que seu objetivo não é mais se apropriar apenas do corpo assujeitado, mas também se apropriar de sua alma. Isso possibilita, na psique do sujeito, a ilusão perfeita de autonomia. No anterior regime disciplinar do capitalismo industrial, os reclusos, nós todos, sentimos que estamos sendo vigiados e, por conta disso, incorporamos a vigilância dentro da nossa psique. Ao mesmo tempo, no entanto, pela própria experiência subjetiva de uma vontade percebida como "exterior", que se manifesta de fora para dentro, sentimos o mandato da disciplina facilmente como opressiva, antinatural e como o contrário mais perfeito da "liberdade".

No regime da informação, as pessoas se sentem livres: nenhuma instância externa repressora "surge" na percepção do sujeito, e tudo parece depender de sua própria vontade. É antes de tudo a sensação de liberdade que assegura e possibilita o exercício da dominação social no tempo. A dominação do novo regime é tão eficaz precisamente por fazer coincidir, na consciência do sujeito, liberdade e vigilância. Agora, são as pessoas que se desnudam por escolha própria e necessidade interior. No novo regime, a dominação se dá como liberdade, comunicação livre e geradora do sentimento de comunidade – novamente, e não por acaso, as grandes bandeiras da revolução expressiva. Assim, a maior derrota e o maior desafio enfrentado pelo capitalismo foram transformados na sua mais esmagadora vitória. Quem defende o capitalismo hoje em dia o faz de boa consciência, como se lutasse pela liberdade e pela autonomia individual.

No novo regime da informação, ser livre não significa "agir", mas clicar, curtir e postar. Obviamente não vai sair daí uma revolução. Big data e a inteligência artificial levam o regime de informação a um patamar tal que é capaz de influenciar e manipular nosso comportamento em um nível pré-reflexivo, aquém do limiar da consciência. O novo regime de dominação coloniza as camadas pré-reflexivas do sujeito, ou seja, suas dimensões pulsionais e emotivas, as quais se contrapõem à dimensão consciente.[13]

Desse modo, destrói-se precisamente o que seria para Habermas o ponto positivo decisivo da ambígua história ocidental: a construção de uma esfera pública compartilhada em que as pessoas debatem, discutem e aprendem a dialogar. E por meio dessa ação comunicativa aprendem a se conhecer e a conhecer a sociedade em que vivem. Se fizermos o esforço de nos colocar no lugar do novo sujeito e entendê-lo por dentro, perceberemos o efeito prático do novo regime na consciência do assujeitado.

A mídia eletrônica tradicional, para a qual em muitos países europeus foi criada a mídia pública para assegurar o embate de opiniões divergentes – precisamente para criticar a dependência do lucro privado identificado por Habermas como o veneno que matou a esfera pública no século XIX –, perde em influência. Em uma mídia eletrônica plural, ainda que os espectadores fiquem passivos como receptores de conteúdo, o pano de fundo compartilhado sobre quais são as questões importantes, o que é verdadeiro ou falso ou bom e justo, possibilita o aprendizado coletivo

13 Byung-Chul Han, *op. cit.*, 2022.

na medida em que a "argumentação", baseada em boas razões criticáveis, ainda é o código aceito por todos para dirimir conflitos.

As pessoas podem sempre discordar sobre o que precisa ser feito. Porém, sem um pano de fundo comum, compartilhado por todos, os conflitos não podem ser resolvidos e degeneram em guerra aberta. A estrutura de anfiteatro das mídias convencionais, pelo menos no sistema público, permitia focar os temas essenciais e conduzia a atenção de toda a população, partindo de um pano de fundo comum e compartilhado.

O novo regime informacional de servidão celebra, precisamente, o fato de que os telespectadores não se veem mais como receptores passivos, mas sim como produtores ativos que produzem informações de forma contínua. Mais uma vez vemos a fenomenologia da liberdade, como formulada por Simmel, agir a favor do oportunismo de nosso inimigo. A ilusão de liberdade de quem se acredita ativo, quando se era espectador passivo, é um dos principais motivos para a adesão volitiva das pessoas à nova forma de dominação.

O novo regime de dominação informacional e financeiro molda, nesse sentido, tanto nosso consumo quanto nosso comportamento político, na dimensão inconsciente, minando por dentro nossa autonomia e liberdade de vontade. As imagens tendem a substituir os argumentos, criando os "pseudoambientes" e os "estereótipos" de Walter Lippmann, já discutidos aqui. A rede digital não consegue e não pode substituir a esfera pública porque é produzida em espaços privados para a defesa também de interesses privados sem nenhuma forma de intermediação de uma esfera pública.

A formação de uma opinião refletida e autônoma depende da percepção dos diferentes pontos de vista vigentes na sociedade; mas depende, antes de tudo, da nossa possibilidade de "imaginar" e representar na consciência os pontos de vista ausentes para que sejam avaliados. A imaginação é constitutiva do discurso democrático e da ação comunicativa porque nos permite ocupar e compreender posições sociais que não são as nossas, de modo a formar opinião própria segundo critérios de veracidade e justiça. Esse é o fundamento mais importante da sociabilidade democrática.

Na ação comunicativa, a presença do outro, da alteridade, é, portanto, constitutiva. O debate público pressupõe, como vimos, que os sujeitos se refiram a algo compartilhado no mundo objetivo, social e subjetivo, e elevem mutuamente reivindicações de validade que podem ser questionadas e resolvidas argumentativamente. O embate argumentativo com o outro é o aspecto decisivo. Sem a presença do outro, minha opinião não é discursiva, mas autista, autorreferida e dogmática. Para que exista o discurso democrático, tenho que descentrar minhas posições e convicções a partir da voz do outro, a fim de considerá-la ou rejeitá-la, no todo ou em parte, permitindo a construção de uma opinião refletida e argumentativa.

O desaparecimento da alteridade é uma ferida mortal para a ação comunicativa. É a expulsão do outro que estimula as infobolhas autorreferidas em que escuto antes de tudo a mim mesmo. O mais importante aqui, no entanto, é que o discurso pressupõe a separação entre opinião e identidade. Não é possível o aprendizado se confundimos nossa opinião com quem somos. Nesse caso, temos que nos agarrar desesperadamente a uma opinião e perceber qualquer crítica a ela como ameaça existencial. A opinião tem que ser discutida e refeita, se for o caso, sem que isso destrua a minha autoestima e minha identidade. Quem adere de modo desesperado a uma opinião é porque tem medo de perder a sua (nova) identidade. Nesse caso, o "convencimento", baseado em boas razões, ou seja, razões criticáveis, torna-se impossível.

Aqui há algo tão básico em jogo que grandes pensadores imaginam encontrar a necessidade última dos seres humanos, sendo todo o resto secundário. Descobrimos a "busca por sentido" na vida e no mundo, que Weber pontuava como sendo uma necessidade histórica invariável, que implica a tarefa cognitiva de criar uma narrativa convincente, seja para o indivíduo, seja para a coletividade. Ou seja, deste modo, tanto indivíduos quanto sociedades necessitam construir uma "autointerpretação de si mesmo" para possuírem alguma forma de orientação na vida. E essa orientação só é possível de ser construída "narrativamente", na medida em que só nós compreendemos quando nos inserimos dentro de uma narrativa seja pessoal, seja compartilhada. Todos nós precisamos disso como uma necessidade existencial incontornável.

Mas aqui também se encontra a "busca por reconhecimento social", como definida por Hegel e pelos neo-hegelianos contemporâneos.[14] Aqueles grupos sociais objetivamente humilhados e empobrecidos, em especial, passam a ver nos grupos de guerrilha digitais uma forma de conseguir sentido, principalmente aceitação social e identidade, o que leva à sensação de pertencimento e de autovalor positivo. São os grupos mais propensos a não separar opinião e identidade.

Quem adere de modo tão desesperado a uma opinião é porque tem medo de perder seu bem mais valioso: a sua (nova) identidade que funciona como um simulacro de "reconhecimento social". É por conta disso que jamais podemos "convencer" tais pessoas. A nova identidade é necessariamente rígida, e não existe a possibilidade de aceitação e ponderação de uma opinião contrária. Isso seria letal e ameaçador para quem forjou uma nova identidade e uma nova forma de aceitação e pertencimento social. Por conta disso é que temos as "bolhas" autoimunes em que só a repetição tem escuta. O algoritmo que cria as bolhas é pernicioso, porque ajuda o desaparecimento do outro, que é a real causa da crise atual da democracia. Pior, o desaparecimento do outro destrói e também induz à destruição do contexto social compartilhado, ou seja, o conjunto de premissas fundamentais que possibilitam qualquer acordo e qualquer consenso possível. Sem um contexto prévio e compartilhado de presunções aceitas por todos não há ação comunicativa nem democracia.

Essa é a causa mais importante para o surgimento das tribos digitais de hoje em dia. As "bolhas tribais" não são instâncias de informação e conhecimento, mas sim fontes de identidade e reconhecimento social para a maioria das pessoas para as quais esse reconhecimento foi e é negado. Para uma melhor compreensão do que estamos discutindo aqui é necessário que saibamos que o empobrecimento geral, causado pelos mecanismos

14 Os maiores nomes da teoria do reconhecimento social são Axel Honneth e Charles Taylor.

de expropriação financeiros, não é explicado às suas vítimas. As redes sociais e a mídia tradicional agem no sentido de confundir e fragmentar a percepção do público. É nas bolhas digitais que muitas dessas vítimas desorientadas encontram refúgio e solidariedade.

Assim, não é apenas o filtro algorítmico – a técnica, portanto – que causa a crise atual. Afinal, mesmo nas bolhas, as pessoas são confrontadas com opiniões diversas. Só que essas opiniões são ignoradas em nome da manutenção de uma identidade e de uma sensação de pertencimento às quais as pessoas não podem renunciar. O tribalismo canibal atual anula a diferenciação entre mentira e verdade. Essa distinção deixa de ser importante. Essas opiniões não são, literalmente, criticáveis nem passíveis de fundamentação. Quem adere à bolha não o faz para compreender melhor, mas para salvar a qualquer custo sua identidade e seu senso de pertencimento. Isso comprova mais uma vez o acerto da intuição hegeliana, que percebia na necessidade de reconhecimento social o fato mais relevante para a compreensão de qualquer comportamento social.

Epílogo

O que matou a esquerda e como podemos ressuscitá-la?

O que chamamos hoje de esquerda tem na sua origem a luta dos trabalhadores oprimidos por direitos e oportunidades de vida. Nesse sentido histórico, a esquerda tem a ver, antes de tudo, com a universalização de direitos e oportunidades. Como já vimos neste livro, a saga dos trabalhadores foi vitoriosa, de 1830 a 1970, descontados alguns reveses. A afirmação dos trabalhadores se deu após um convencimento público de sua importância e sua contribuição para o bem comum. O papel dos sindicatos, as escolas da classe trabalhadora, foi decisivo para o reconhecimento social da justeza das reivindicações dos trabalhadores.

No final do século XIX e começo do século XX, passou a existir a possibilidade concreta de os trabalhadores conseguirem controlar o poder de Estado nas suas mãos pelo voto, como na Alemanha e nos Estados Unidos. No entanto, o acirramento das tensões imperialistas entre as nações mais ricas levou a uma cisão da coalizão dos trabalhadores, muito especialmente na Europa. O imperialismo figura como ponto de inflexão importante, negando o internacionalismo que unia todos os trabalhadores em uma luta comum. A partir daí, a luta de classes se dá no interior das fronteiras nacionais, fragmentando a classe trabalhadora.

O final da Segunda Guerra Mundial anunciou o novo compromisso de poder em escala mundial. A construção dos Estados de bem-estar social no Norte global visava exportar os conflitos distributivos para o Sul global preso nas trocas desiguais estruturais entre países industrializados e exportadores de matéria-prima. Parte do excedente neocolonial ia para as classes trabalhadoras zelando pela paz social interna das nações imperialistas. Nos Estados-nações imperiais, o conflito distributivo passou a ser regulado pelo Estado.

A revolução expressiva dos anos 1960 comprometeu o frágil equilíbrio do novo arranjo, e a possibilidade de união dos jovens estudantes e dos trabalhadores passou a ser a maior ameaça real ao *status quo*. E para ir de encontro a essa ameaça o capital se uniu, a partir dos anos 1970, utilizando-se da linguagem da liberdade expressiva para defender uma globalização que enfraqueceria (quase) todos os Estados nacionais. Isso comprometeu o arranjo distributivo que, até então, garantia segurança e certa afluência à classe trabalhadora.

A partir de 1980, com o capital financeiro usurpador, tivemos as opções da extrema direita que se formou como "guerra cultural" para destruir o consenso democrático e muito especialmente o Estado de bem-estar. Nessa época já estava sendo gestado o ovo da serpente que eclodiu hoje: as supostas "fundações filantrópicas" dos bilionários reacionários estavam travando a guerra cultural intestina para mudar o imaginário social em todas as frentes. Como ainda não havia redes sociais, o protagonismo fica, no entanto, ainda com o Partido Democrata, que universaliza sua posição meritocrática sob o disfarce de proteção de minorias. Nesse período de transição é que temos a "terceira via" de Bill Clinton, Tony Blair e Gerhard Schröder, que comandam o desmonte do Estado social como se ele não fosse mais necessário. Fernando Henrique Cardoso é seu preposto no Brasil.

A esquerda passa a ser atacada em duas frentes: uma externa, pela extrema direita crescente, e uma interna, pelo cavalo de Troia do neoliberalismo progressista. A esquerda foi crescentemente tomada por uma pauta, ao fim e ao cabo inócua, da ascensão meritocrática e individual de alguns poucos representantes dos setores oprimidos. Como a globalização e o livre fluxo de capitais que havia possibilitado a evasão universal de impostos dos mais ricos em paraísos fiscais, os Estados nacionais subfinanciados passaram a se contentar com a ascensão seletiva e meritocrática de 1% das minorias oprimidas às quais se unem, objetivamente, pela mensagem meritocrática de ascensão individual, aos interesses do 1% mais rico que saqueia todo o mundo. Essa farsa durou quase três décadas, e suas políticas pífias de combate à desigualdade se tornaram o banquete em que a extrema direita, que se finge de popular, acaba por se refestelar. Barack Obama ilustra essa fase melhor que ninguém.

A fase atual da extrema direita, globalmente unida, é fruto direto da desilusão com políticas de partidos que haviam historicamente representado os interesses populares. No entanto, servir aos trabalhadores e ser cooptado pelo capital financeiro mostraram rapidamente como essa representação histórica da esquerda pôde ser colocada em xeque. Agora, são os ressentimentos e humilhações provocados pela grande desapropriação do capital financeiro que impulsionam a extrema direita, que também mimetiza o comportamento da velha esquerda, fingindo agora representar os humilhados e ofendidos contra o sistema de poder. Manipular um público indefeso, sem educação de qualidade e sem informações isentas, torna-se mais fácil dentro das bolhas autorreferidas, a criação suprema dos algoritmos.

O capital infofinanceiro vai ter ao seu lado tanto o Partido Republicano quanto o Partido Democrata, cada um com uma estratégia própria para viabilizar o saque financeiro, como vimos. E como tudo que sai dos Estados Unidos vai determinar a política do resto do mundo "livre", os tradicionais partidos europeus de esquerda vão se amesquinhar do mesmo modo que o Partido Democrata americano e perder crescentemente qualquer vínculo com demandas populares. O mesmo efeito criou a polarização da extrema direita e encaminhou os partidos de esquerda para o centro do espectro político em praticamente todos os lugares, inclusive no Brasil. A questão acerca do que fazer é complexa e desafiadora. Mas esse desafio é muito distinto se você está no Norte ou no Sul global. Nesta conclusão, nosso interesse é compreender como nós, brasileiros, chegamos a esse estado de coisas. Isso é fundamental tanto para compreender os erros que nos trouxeram até aqui, e que foram muitos, quanto para entender o que fazer a partir de agora.

Cada país tem, portanto, uma história singular nesse processo. No Sul global essa fase tem um outro caráter. No Brasil, o Partido dos Trabalhadores (PT) conseguiu reeditar políticas tradicionais da esquerda histórica em um contexto no qual o Norte global entrava em decadência nesse mesmo aspecto. A elite nativa era confrontada pela terceira vez, depois de Getúlio Vargas e Jango, com um projeto nacional inclusivo, ainda que inarticulado, comandado a partir do Estado reformador. Ou seja, tudo que a elite nativa não quer.

E essa elite vai utilizar, desde a crise do mensalão no primeiro governo Lula até o golpe midiático-parlamentar de 2016, a balela da corrupção apenas da política para travestir o saque das riquezas e do orçamento público, realizada com o aval da classe média branca, em suposta defesa da moralidade pública. É com base na "moralidade pública" e nos altos valores éticos que a elite dos golpes de Estado, das "privatarias", das isenções fiscais bilionárias e do saque financeiro legitima sua atuação. A imprensa corporativa é o seu maior instrumento de manipulação e de sistemático engano da população. A elite do mercado rouba e a imprensa mente – esse é o resumo da dominação social, política e econômica no Brasil há mais de cem anos.

A função do golpe de 2016 foi muito maior do que a simples transferência de renda da população para os mais ricos via endividamento e baixos salários. Visou também destruir a última instância de soberania popular do sistema político brasileiro, que é o controle do Executivo – única instância de poder em que projetos alternativos de nação podem ser confrontados – sobre o orçamento público. O Banco Central "independente" e as emendas parlamentares obrigatórias são passos decisivos nessa direção. O Estado perde tanto foco quanto a possibilidade de executar políticas públicas transformadoras. Como o ataque é sistêmico e vem de todos os lados, a responsabilidade pelas políticas, agora, de pouco alcance, fica com o próprio chefe do Executivo. Esse é o estado atual das coisas. O maior interesse da elite do saque no último século é esvaziar e criminalizar o Estado e a política para garantir o seu monopólio do aparelho de Estado e o butim do seu orçamento, a real base de todo o seu poder econômico.

O perigo se torna ainda maior com o ataque da extrema direita, cuja estratégia é desviar a atenção das questões sociais fundamentais para a "guerra cultural" por uma moralidade regressiva. É aqui que a luta por "pertencimento" e reconhecimento social para os humilhados se torna decisiva. A maior parte dos negros evangélicos que entrevistei para meu livro sobre o "pobre de direita" me confessou ter votado em Jair Bolsonaro, apesar de seus erros e em nome unicamente de sua suposta "valorização da família". Muito especialmente em nome da certeza de que o filho não vai virar gay na escola supostamente contaminada pela "ideologia de gênero".

A partir das entrevistas pude compreender que "valores familiares" significam, na verdade, a garantia para os homens – crescentemente inseguros e empobrecidos – de que em casa quem manda e oprime a mulher e os filhos é apenas ele. O humilhado na rua quer saber que no seu lar ele pode ter sua desforra. Como diria Paulo Freire, quem não é ensinado de modo libertador vai se transformar ele próprio em um pequeno tirano. Esse público masculino, desenraizado e fragilizado, e por conta disso agressivo e violento, é o verdadeiro motor da extrema direita em todos os lugares.

Além do machismo, o racismo é o outro grande elemento agregador da extrema direita. No país do racismo "cordial", que é sentido por todos, mas não pode ser assumido explicitamente, proliferam as "máscaras do racismo racial" que lhe permitem continuar vivo fingindo que morreu. Entre os brancos pobres que são maioria na região Sul e em São Paulo, o ódio ao nordestino, supostamente "o preguiçoso do Bolsa Família", não é simples "preconceito regional". Não nos esqueçamos que 80% da população nordestina é preta ou mestiça. Estigmatizar o nordestino como o cara do "lanche grátis" à custa do trabalho alheio reflete a estratégia de "moralizar" o racismo, transformando-o em racismo cultural ou regional, de modo a conseguir escondê-lo e naturalizá-lo.

O ódio a Lula, por parte de muitos eleitores brancos de Bolsonaro na região Sul e em São Paulo, também é racismo puro. Lula é chamado de "cachaceiro", "descondenado", "nove dedos" e, acima de tudo, de "corrupto". Isso mesmo depois de o STF, instância máxima da justiça, reconhecer que sua sentença foi definida por um juiz suspeito (o que foi muito evidente desde o início da Lava Jato), extinguindo a decisão desfavorável a Lula. Ou seja, não importa se a acusação é verdadeira ou não, ela vai ser aceita como verdade porque já existe uma predisposição para isso. Essa predisposição é racista, já que Lula é um mestiço nordestino que veio da pobreza e que "simboliza", exemplarmente, o povo pobre, mestiço e negro. O ódio a Lula é, na verdade, o ódio ao negro e ao mestiço pobre, dos quais ele é, precisamente, o representante maior.

A construção do negro como "bandido" também busca moralizar o massacre cotidiano de pretos, que é a real função da polícia entre nós.[1] Também a pecha de povo corrupto eleitor de corruptos tem um fundo racial, já que os brancos, que tomaram o país de assalto entre 1880 e 1930, e que se veem até hoje como "europeus", nunca se sentiram nem se sentem hoje em dia parte deste "povinho negro e mestiço" corrupto e eleitor de corruptos. Não é à toa que em todos os golpes de Estado quem sai às ruas gritando supostamente em defesa da moralidade pública são os branquinhos histéricos e bem-vestidos. O abjeto privilégio da classe média branca tem de ser revestido com as cores reluzentes da moralidade. Como estamos vendo, praticamente todas as questões sociais e políticas no Brasil têm um fundo racial reprimido e recalcado.

A fragilidade de nossa esquerda representada, antes de tudo, pelo Partido dos Trabalhadores reside em não assumir a luta simbólica e cultural

1 Assim como os indivíduos, não podemos avaliar uma instituição pelo que ela diz ser, mas sim pelo que ela realmente é. E só o comportamento efetivo comprova quem se é realmente. Isso vale sem ressalvas para as instituições também. A polícia não existe para proteger cidadãos e combater o crime como diz fazer – a taxa de resolução de crimes é inferior a 5% dos casos. O que ela faz em profusão, e diariamente, é matar preto pobre indiscriminadamente. E a classe média branca e a elite aplaudem. É por conta desse apoio velado que a polícia funciona dessa determinada forma entre nós.

como sua maior bandeira. À parte a inegável revolução provocada por Lula, o maior líder popular da história brasileira, ao mostrar que um país inclusivo é melhor para todos, o PT jamais enfrentou a luta cultural a não ser com o marketing imediatista dos períodos eleitorais. A fascinação do pobre com Lula, muito especialmente do nordestino pobre, tem a ver com processos de identificação imediata e emocional com a "pessoa" de Lula e de sua trajetória. Esse enorme patrimônio é "pessoal", baseado em uma liderança "exemplar",[2] não em um discurso articulado e coerente.

Houve uma descontinuidade importante na "esquerda brasileira" entre o getulismo e o lulismo, respectivamente o nosso maior estadista e o maior líder popular que este país já teve. O aspecto mais central dessa descontinuidade é a abdicação, pelo Partido dos Trabalhadores, de um projeto nacional articulado e forte o bastante para transformar o imaginário social da sociedade brasileira. Qualquer projeto de esquerda que não tenha como foco mudar o imaginário social de forma radical está condenado ao fracasso ou aos voos de galinha que jamais chegam à transformação social duradoura. Vargas, por sua vez, havia compreendido que não basta transformar "materialmente" o país, provendo modernização, inclusão social, urbanização e industrialização. É necessário mudar o imaginário, ou seja, como o país inteiro se compreende e se percebe.

Vargas abraçou a luta cultural em um país que excluía sumariamente os pretos e os mestiços pobres, a maioria da população. Na República Velha, as eleições excluíam 95% da população, muito especialmente os negros e os pobres. Tal exclusão, que existiu até 1930 de modo aberto, não é um fato natural. Estava ancorada em uma compreensão e uma leitura do mundo que havia se tornado uma "segunda pele", naturalizando o ódio racial como se fosse ciência para os brasileiros da época. É contra esse imaginário abertamente racista, que permitia facilmente legitimar a exclusão de qualquer participação popular dos negros e dos pobres, supostamente por "inferioridade racial inata", que Vargas irá intervir.

2 A diferença entre o líder carismático ético e o líder carismático exemplar é trabalhada por Max Weber no seu livro sobre o judaísmo antigo. Ver Max Weber, *Das Antike Judentum*, 1969.

A guerra cultural precisaria ter como base, para Vargas, a afirmação da dignidade, da humanidade e do valor do povo mestiço e preto, os quais eram negados pelo imaginário social compartilhado na época. Esse imaginário era tão excludente que impossibilitou até 1930 a construção de uma identidade nacional abrangente. Por conta disso, é Vargas quem cria a primeira "identidade nacional" do Brasil[3] de modo a que todos pudessem se sentir incluídos e participantes do destino nacional. Para tanto, ele tinha de afirmar e elevar aqueles que anteriormente haviam sido excluídos.

É dessa forma que se compreende a construção da herança africana como pilar da identidade nacional que Vargas construiu com a ajuda da máquina de propaganda de seu governo. É aqui que o samba e o futebol (como praticado pelos negros e não pela elite) se tornam as duas maiores paixões populares. Lutar por uma hegemonia cultural inclusiva é fundamental para criar a sensação de pertencimento e reconhecimento social tão necessária aos seres humanos. É apenas porque as pessoas antes excluídas podem se perceber e ser percebidas pelos outros como agentes úteis e capazes que você pode ter, por exemplo, CLT e direitos universalizáveis para todos.

Mais ainda, você pode ter a primeira política de cotas raciais deste país pela lei dos 2/3, aprovada por Vargas, que protegia o acesso a empregos aos "nativos" mestiços e pretos, não apenas aos imigrantes brancos. A luta pelo imaginário inclusivo é tudo e vai permitir aos excluídos o sentimento de autovalor, de autoestima e autoconfiança, possibilitando o aprofundamento das lutas populares; vai propiciar o reconhecimento social dos trabalhadores e de sua contribuição pelas outras classes do privilégio.

O Partido dos Trabalhadores, a despeito de suas inegáveis contribuições históricas à luta contra a desigualdade no nosso país, jamais

---

3 Ver Jessé Souza, *O pobre de direita*, 2024, e *O Brasil dos humilhados*, 2022.

percebeu a transcendental importância da luta cultural pelo imaginário social da população. E essa é a causa real de todos os seus problemas atuais, como o isolamento político no Congresso e a posição meramente defensiva no debate público à qual é condenado. Isso se deve a duas razões para mim:

O PT abraça, certamente sem saber, o imaginário social de seu inimigo de classe;

Como não percebe a importância da luta cultural na sua inteireza, o PT prescinde de qualquer leitura alternativa da realidade, caindo em um "economicismo" ingênuo.

Comecemos pelo primeiro ponto. Ao cortar qualquer relação de continuidade com o trabalhismo anterior,[4] o PT se joga, inevitavelmente, nos braços do imaginário da elite paulista, construído, com precisão de alfaiate, para se contrapor ao imaginário inclusivo de Getúlio Vargas, como comentei anteriormente.

Agora, faz-se necessário jogar o povo de novo na lata de lixo para desmoralizar seu voto e sua participação política, e garantir o monopólio da posse do Estado para as elites – o *verdadeiro* negócio das elites. Para isso, o novo imaginário social dominante foi construído em 1936 com a interpretação de Sérgio Buarque – que se torna leitura oficial e dominante do país em todas as dimensões até hoje – e procura reverter a concepção de mundo inclusiva getulista.

Como não se pode mais usar o preconceito racial abertamente, interditado na esfera pública pela pregação getulista da contribuição cultural fundamental dos negros, Sérgio Buarque descobre o "racismo cultural" – o povo corrupto, eleitor de corruptos – como o mais perfeito disfarce do racismo racial que agora passa a ser recalcado. Torna-se um "racismo cordial": todo mundo é racista, mas ninguém assume em público. A partir daí o racismo "sentido no peito" só poderá ser expresso sob o disfarce da

4 *Ibidem.*

"moralidade pública", como na acusação de corrupção que leva à desumanização moral, repetindo de outra maneira a desumanização de todo o racismo racial, de modo a mantê-lo vivo, mas fingindo que ele morreu.

Assim, o voto do povo preto e pobre não deve valer e pode ser criminalizado e desmoralizado por uma cultura de golpes de Estado, agora não mais por causa da cor da pele ou sua inferioridade inata, mas porque ele seria "corrupto" e eleitor de corruptos, o que vicia e desmoraliza o próprio voto, por força de uma suposta herança cultural patrimonialista vinda de Portugal. É esse imaginário conservador e racista que garante a reprodução do escravismo excludente mesmo com sufrágio universal formal. Procurei desconstruir essa leitura, ainda hoje hegemônica, em diversos livros, por isso não vou repeti-la aqui.[5]

O importante é que, na verdade, corruptos entre nós vão ser apenas os pobres, os negros e os mestiços, já que os brancos imigrados da Europa e que seguem para São Paulo e o sul do país vão se ver, até hoje, como "europeus" na África, sem ter nada a ver com o "povinho" mestiço e preto que tanto desprezam e odeiam.

Por conta disso, como vimos, quem sai às ruas em todos os golpes de Estado, posando de defensores da "moralidade pública", são brancos de classe média bem-vestidos. Nesse imaginário elitista hoje ainda dominante, o atraso e a miséria do povo vão ser postos na sua própria conta. Culpa-se a vítima pelo próprio atraso e por sua desfortuna. Que bela tradição de pensamento, não é mesmo? Isso tudo professado pelas "vacas sagradas" do pensamento social brasileiro, que tiram onda de "crítica social".

Essa foi a teoria supostamente crítica que vicejou entre nós em todas as universidades e todos os círculos intelectuais. A Universidade de São Paulo (USP) foi criada pela elite paulista em 1934 para substituir o antigo Instituto Histórico e Geográfico de São Paulo (IHGSP) de 1894 e ser uma nova usina de ideias de elitistas, agora, graças à genialidade de Sérgio Buarque, convenientemente travestida de "crítica social". Esse papel foi

5 Ver Jessé Souza, *A elite do atraso*, 2025, e *O Brasil dos humilhados*, 2022.

tão bem-feito pela USP[6] que todas as outras universidades brasileiras seguiram o seu modelo e a imitam até hoje. Nossa universidade, portanto, jamais foi de esquerda, apesar de obviamente alguns indivíduos terem sido, mas sim elitista.

São as universidades que vão formar todos os quadros de comando da sociedade. A ideia dominante nas universidades, o paradigma de pensamento, tende a ser generalizado para toda a sociedade. Afinal, só a ciência tem a legitimidade e o prestígio reconhecido, herdados das antigas religiões, para dizer o que é certo ou errado, o que é verdadeiro ou falso. Um jornalista, por exemplo, não tira da própria cabeça as ideias que utiliza. Ele as retira, como todo mundo, aliás, do tesouro de ideias existentes para explicar o país. Não apenas a imprensa, mas toda a indústria cultural nativa é cativa dessa mesma narrativa.

Um pequeno exemplo entre milhões possíveis. Na última cena do filme *Tropa de Elite: o inimigo agora é outro*, um helicóptero sobrevoa Brasília e ouvimos, em *off*, a voz do ex-capitão Nascimento lançando uma "pérola": o "sistema", que governaria a tudo e a todos, na verdade está na praça dos Três Poderes, não em São Paulo na Faria Lima. O diretor José Padilha só está repetindo a bobagem suprema do pensamento brasileiro – a culpa é do voto, da política e do Estado, nunca das nossas sagradas elites do dinheiro. Um pensamento feito para fragilizar a política e, portanto, a participação popular, criminalizando o voto para garantir o acesso irrestrito das elites ao poder de Estado – fonte real de todos os seus privilégios – ao ser percebidas como boas, produtivas e honestas.

---

6 Isso não significa que, individualmente, não existiram e/ou que não existam profissionais brilhantes e de envergadura crítica real na USP. Mas a instituição, de fato, cumpriu e cumpre com muita eficiência o papel, como principal universidade do país e modelo para todas as outras, de ser a maior usina de ideias elitistas travestidas de críticas do país. É, e sempre foi, um instrumento da elite de São Paulo, que também comanda todas as outras elites subalternas do país. Como todos os modos de consagração acadêmica e intelectual são controlados pela elite, como prêmios literários, editoras, espaço midiático etc., a cooptação se dá de modo imperceptível, como se fosse inseparável do cuidado com a própria carreira.

Jorge Paulo Lemann e seus amigos americanos também comprovam que essa leitura é dominante até hoje. Os ricos podem roubar o que quiserem que serão admirados como homens de negócio, já que ladrão é apenas o povo pobre, especialmente o negro, e seus representantes políticos. Se alguma coisa sair do arranjo predeterminado, basta inundar a própria imprensa (propriedade privada dessa mesma elite do saque) com denúncias infundadas de corrupção para provocar um linchamento público sem deixar espaço para o contraditório. Esse expediente tem assegurado a posse irrestrita do Estado à elite, mesmo sem o voto popular, nos últimos cem anos.

Ninguém pensa nisso, inclusive a imensa maioria dos próprios intelectuais, mas a ciência dominante, ou seja, aquela versão supostamente científica que se torna identidade nacional da maioria dos indivíduos, é produzida "cientificamente". Depois é essa ciência, e não qualquer outra coisa, que vai permear canções, filmes, romances, peças de teatro, séries e novelas, ajudando a criar um imaginário social muito próprio a partir de uma identidade nacional compartilhada. O peso e a importância de uma explicação coerente e totalizante acerca do mundo social são tamanhos que no nosso caso vão colonizar até os partidos de esquerda que deveriam se contrapor a esses elementos.

O PT, por exemplo, convive desde o nascimento com a assimilação do imaginário de seu inimigo de classe – a elite de São Paulo que manda em todas as outras – e se torna, por exemplo, assim que é fundado, no partido da "ética na política". Desse modo, toma alegremente o veneno da elite que quer combater, transformando o combate à corrupção – falso e manipulado como ele sempre foi – em uma de suas principais bandeiras. Esse é um terreno envenenado por diversas razões: primeiro, quem define se existe ou não corrupção é a mídia dominante nas mãos da mesma elite que corrompe; segundo, aceita-se, implicitamente, que a corrupção é apenas política, ao mesmo tempo invisibilizando a elite de proprietários como fonte de toda a corrupção real, de quebra criminalizando a política, o Estado e a soberania popular.

Ao compartilhar o imaginário elitista dominante na sociedade, o PT se transforma, sabendo ou não – e eu imagino que até hoje não tenha a menor ideia –, em um mero plano B da elite paulista, condenado a meramente administrar o capitalismo periférico com um toque de empatia popular, sem jamais se contrapor a ele e sem ao menos tentar desconstruí-lo.

É isso que explica também o sucesso do mensalão em dizimar todas as principais lideranças mais combativas do PT sem o partido esboçar sequer uma reação. Isso não foi simples covardia. Foi a falta de uma denúncia clara, provocada pela ausência de um imaginário social alternativo, coerente e crítico ao dominante, que permitisse esclarecer a população sobre o que efetivamente estava acontecendo. Para ser eficiente, a denúncia do logro político tem de ser feita "de fora" do imaginário dominante, com a proposição de uma compreensão alternativa ao que acontece na sociedade. Foi esse imaginário alternativo que o PT jamais teve e por conta disso foi e ainda é tão facilmente atacado.

A mesma coisa aconteceu no golpe de 2016. O ataque da Operação Lava Jato ao próprio partido foi apoiado desde 2014 de dentro do governo, por inúmeros ministros e intelectuais orgânicos da legenda; afinal, não se pode ser contra o combate à corrupção. Durante um ano e meio, o segundo governo de Dilma Rousseff sofreu uma ofensiva sem qualquer voz dissonante que pudesse desconstruir a farsa em jogo. Um governo nas cordas que levava pancada de todos os lados e que se tornou incapaz de governar.

Percebe agora, cara leitora e caro leitor, a importância de um imaginário social alternativo? Essa não é uma questão abstrata de intelectuais que desejam que a visão "correta" substitua a visão manipuladora. Essa é uma necessidade concreta de todos os seres humanos, em todas as épocas, por explicação e sentido, o meio adequado para produzir pertencimento e reconhecimento social. E é a mais pura falta de inteligência e de tino político não compreender sua importância decisiva. Nada é tão importante quanto disputar as ideias dominantes, o que a esquerda atual jamais fez, sem nunca compreender sua decisiva importância.

Por que compreender o mundo é tão importante? Como podemos comprovar essa necessidade humana invariável historicamente? Ora, basta perceber que a necessidade de tornar o mundo inteligível é o ponto de partida de todas as grandes religiões mundiais: o budismo, o cristianismo, o hinduísmo, o confucionismo, o islamismo, o judaísmo e o protestantismo surgem partindo de contextos socioculturais muito distintos e abrangendo igualmente o Oriente e o Ocidente. São explicações alternativas às três grandes questões que assombram os seres humanos de todos os lugares e épocas distintas a partir de uma mesma necessidade que afeta a todos indistintamente, desde que adentramos o mundo simbólico da imaginação compartilhada.

Essas três questões seminais são: de onde viemos, quem somos e para onde, provavelmente, iremos. Todas as grandes religiões mundiais, ou seja, as que conquistaram o maior número de adeptos, em todas as épocas e lugares, procuraram responder a seu modo essas três questões. E a diferença entre essas vertentes religiosas, na "competição" com outras que não lograram o mesmo sucesso, reside, em grande medida, no potencial de convencimento de suas respostas às indagações fundamentais dos seres humanos em busca de sentido no mundo. A lição óbvia é: a explicação dominante sobre o mundo seleciona e escolhe o rumo da sociedade inteira, a partir de certas interpretações que ganham o público porque atendem às suas necessidades fundamentais de sentido e de pertencimento.

O mesmo acontece com a política ao se desprender da legitimação religiosa. Agora, cabe à política – com a ajuda da ciência – responder às questões básicas de sentido e pertencimento substituindo a religião. Antes, a religião "fazia" a política, ainda inexistente como esfera autônoma. Quando o mundo determinado religiosamente entra em lenta decadência a partir da segunda metade do século XVIII e começo do século XIX, essas três questões centrais da humanidade precisam ser respondidas de outra maneira. E o que acaba substituindo essas grandes religiões na explicação do mundo social são as "identidades nacionais"[7], pensadas a partir de heranças culturais supostamente comuns que estão sendo construídas nessa época. Em vez do fundamento e do tabu religioso, agora é a ciência social nascente que assume a tarefa da justificação.

É preciso perceber que a identidade nacional, que acompanha a construção dos Estados nacionais, é uma espécie de óculos que nos permitem ver apenas aquilo que ela quer mostrar, como acontecia antes com as antigas grandes religiões mundiais. A identidade nacional seleciona previamente os elementos que oferece à compreensão, colonizando por dentro toda a percepção social dos indivíduos que a compõem. Toda a imprensa e toda a indústria cultural se baseiam na identidade nacional dominante para elaborar seus discursos. Sem isso não seria sequer compreendida pelos sujeitos. É essa compreensão dominante que, hierarquicamente, primeiro como suposta ciência, depois pelos estereótipos da imprensa e da indústria cultural, vai dominar toda a forma de se perceber e de se compreender o mundo social.

Nós todos, quer saibamos disso ou não, vamos internalizar e incorporar como uma segunda pele e, portanto, sem distanciamento crítico, a explicação dominante, ou seja, a identidade nacional hegemônica. Ela não entra em nós apenas pela imprensa e pela indústria cultural. Ela nos domina, a todos nós, sem exceção, desde tenra idade, quando a criança que fomos um dia suga, como uma esponja e de modo pré-reflexivo e emocional, todo o sistema classificatório e avaliativo do mundo social dos pais. Como esse sistema classificatório e avaliativo é determinado, em grande medida, também pela identidade nacional dominante, já nascemos com ela dentro de nós, o que dificulta enormemente a sua crítica. A identidade nacional se torna, assim, parte da personalidade profunda de cada um de nós, sendo a sua crítica, portanto, muitas vezes percebida como um ataque pessoal.

---

7 Benedict Anderson, *Imagined Communities*, Londres e Nova York, Verso, 2016.

Essa compreensão não é apenas "teórica", mas "prática" também na medida em que acolhe ou exclui, seletivamente, classes e grupos sociais, criando, ao mesmo tempo, o sentimento de pertencimento de alguns e de exclusão de outros. Aqui se unem, como já vimos, a necessidade de compreensão do mundo, a busca por sentido que Max Weber via como uma necessidade fundante e universal de toda vida social; e a necessidade de pertencimento e reconhecimento social, a busca por reconhecimento, que é percebida por Hegel como a necessidade humana mais urgente e vital. A identidade nacional une essas duas perspectivas sendo, portanto, uma espécie de "religião civil",[8] cumprindo, sem a dimensão transcendental, todas as funções que a religião antes tinha suprido para os seres humanos por milhares de anos.

Quem assume essa responsabilidade de construir uma identidade nacional elitista, para se contrapor à identidade nacional inclusiva de Vargas, entre nós, é a elite de São Paulo. Essa elite cria fundações e instituições com suposta função pública – exatamente como fez a extrema direita americana durante os últimos cinquenta anos antes de se tornar dominante – de modo a legitimar o seu comando da sociedade nacional também na dimensão cultural e política, não apenas econômica.

O primeiro passo foi a construção do IHGSP em 1894, como visto anteriormente. O principal produto desse instituto, altamente prestigiado e regiamente financiado pela elite paulista, foi criar o "mito bandeirante". Esse mito se consubstancia na transmutação do bandeirante escravocrata e assassino de indígenas em uma espécie de equivalente funcional do protestante ascético americano por conta de supostas características comuns como o amor ao trabalho duro e à iniciativa própria independente do Estado. São Paulo seria assim uma espécie de Massachusetts tropical, o Estado original de onde saíram os pioneiros protestantes ascéticos americanos que formaram os Estados Unidos.

8 Robert Bellah, *The Broken Covenant*, 1992.

Praticamente tudo que se fez em São Paulo, a partir de 1870, é pensado como forma de legitimar uma dominação política e cultural sobre o resto do país para quem já possuía, desde então, a hegemonia econômica. Não só o mito do bandeirante e a criação do IHGSP. Também a decantada "semana de arte de 1922" fazia coro ao mesmo espírito regional. A tentativa dos arautos da semana, como Oswald de Andrade, de dinamitar o passado e deslegitimar toda a cultura anterior, que não era desprezível, e sugerir que o Brasil começava em 1922 como um "marco zero" a partir de São Paulo, ilustra melhor do que nada o que sempre esteve em jogo.[9] A USP, vindo logo a seguir, como usina de ideias elitistas travestidas de crítica social sob a batuta de Sérgio Buarque, vai simplesmente continuar uma tradição que existia há mais de meio século. A mensagem é uma só: apenas a elite de São Paulo pode dar jeito no país atrasado e primitivo.

São Paulo procura se legitimar como núcleo modernizante que deveria, portanto, modernizar, ou melhor, "americanizar" o resto do Brasil. O "americanismo" já era uma influente corrente de pensamento liberal, descentralista e conservadora – o verdadeiro DNA da elite de São Paulo – a acompanhar toda a vida política brasileira ainda no século XIX.[10] O IHGSP permite transmutar o paulista no americano, incorporando o americano idealizado de modo a legitimar São Paulo como berço de uma nova civilização moderna e pujante. Todavia, o efeito dessa ideologia sem pé nem cabeça, de tão ridícula e esdrúxula, foi imediato, funcionando como mecanismo galvanizador de toda a população de São Paulo já na revolução reacionária de 1932. Aqui a elite paulista consegue dominar o imaginário social local e procura abranger toda a população com sucesso. Faltava, porém, conquistar o restante do país, tido como primitivo, personalista e atrasado.

A dimensão nacional do elitismo paulista se completa na divisão da população brasileira entre europeus brancos, honestos e capazes que se

9 Depoimento de Carlos Berriel no filme *Quando o Brasil era moderno*, de Fabiano Maciel.

10 Luiz Werneck Vianna, *A revolução passiva*, 1997

contrapõem aos mestiços e negros atrasados, corruptos e inconfiáveis. O americanismo do liberalismo conservador paulista do século XIX se converte no século XX, assumindo a forma da defesa da europeização e do branqueamento da sociedade. Para todos os efeitos se substitui o racismo racial científico como mapa social compartilhado para a determinação de todas as hierarquias sociais em favor do "racismo cultural". A partir daí o pensamento brasileiro dominante, que até hoje tira onda de crítico, troca, simplesmente, a biologia (o racismo racial) pela cultura (o racismo cultural) para atingir os mesmos indivíduos, antes vítimas do racismo racial, e manter os privilégios das classes brancas.

Ocorre, portanto, uma transplantação do racismo cultural que vicejava e ainda viceja na dimensão internacional. No imperialismo europeu do século XIX, o racismo racial supostamente científico era a base da legitimação e do saque imperialista. Os povos mais escuros do Sul global devem ser regidos pelos brancos europeus por superioridade racial inata. Com a Segunda Guerra Mundial e o avanço dos Estados Unidos como potência imperialista inconteste, ocorre uma transformação importante no modo de legitimação. Por conta da condenação universal do racismo que se segue ao holocausto judeu, o racismo racial aberto deixa de ser uma opção.

Para vingar e vicejar no novo contexto, o racismo racial tem de ser recalcado e assumir a forma de racismo cultural, como realizado pela teoria da modernização que se torna hegemônica a partir dos anos 1950. Constrói-se a percepção de que os Estados Unidos são a pátria do protestantismo ascético, da disciplina, da autoiniciativa, do trabalho útil e, acima de tudo, da "honestidade", tornando-se assim, "cientificamente", o padrão e um ideal a ser alcançado por todos os demais povos. Enquanto isso não acontece, no entanto, os povos superiores "culturalmente" devem governar e explorar os mais atrasados. Veja, cara leitora e caro leitor, que Sérgio Buarque, na sua genialidade, antecipa o racismo cultural de Talcott Parsons e dos arautos da teoria da modernização em praticamente trinta anos. O "protestante funcional" paulista se antecipa ao protestante idealizado globalmente que servirá ao mito americano do pós-guerra.

O ponto crucial, nessa divisão planetária de povos dominadores e dominados, é a "honestidade", não sem razão, como já vimos e ainda veremos. A acusação de corrupção se torna a arma mais eficaz para legitimar o saque imperial. Nessa leitura da realidade dominante até hoje, as sociedades do Sul global são sempre vistas como "sistemicamente corruptas", ou seja, desonestas na sua totalidade, envolvendo, obviamente, todos os seus membros. A corrupção nos países do Norte global, no entanto, é tratada como mero "deslize pessoal".

Ora, quando se ataca a moralidade se destrói o fundamento mesmo do espírito humano e da humanidade enquanto tal. Negar a moralidade a alguém é, portanto, o equivalente a animalizá-lo, o que não permite a empatia que temos com o sofrimento de outro ser humano. Afinal, a moralidade é a dimensão mais importante do espírito humano, como já dizia Kant. Quem não tem moralidade não tem espírito; e quem não tem espírito é animalizado, deixa de pertencer ao gênero humano. É a legitimação perfeita para o saque e o esbulho das riquezas dos povos supostamente desonestos e primitivos.

O pensamento dominante no Brasil a partir de 1936 reproduz passo a passo o mesmo tipo de legitimação agora no ambiente interno da sociedade brasileira. Todo povo colonizado culturalmente, como é boa parte do povo brasileiro, age como um escravo fiel, que procura antecipar o desejo de seu dono para melhor servi-lo. Assim, mais do que simplesmente reproduzir tal legitimação, o pensamento dominante antecipa já na década de 1930 o que iria acontecer apenas nos anos 1950 no resto do mundo. No Brasil, a elite quatrocentona paulista se torna americana pelo bandeirantismo, e a classe média se imagina europeia pela imigração recente. São também as classes que se veem como honestas e bastiões da moralidade e saem às ruas gritando freneticamente em todo golpe de Estado, fingindo que se preocupam com a "moralidade pública".[11] Esse é o "bloco de poder" que manda no país, unindo as classes proprietárias e a classe média branca que irá se contrapor à "África", feia, pobre e inconfiável, que é como essas classes percebem as classes populares, ou seja, cerca de 80% da população. Do mesmo modo que na dimensão planetária, a dominação interna no capitalismo periférico brasileiro também é legitimada pela suposta "moralidade superior" das classes brancas.

Qualquer projeto de esquerda tem que desconstruir, em primeiro lugar, essa leitura do mundo compartilhada por vencedores e humilhados. A tarefa da esquerda é sempre mais difícil e desafiadora. Como o imaginário dominante e o senso comum compartilhado são racistas e elitistas, qualquer crítica localizada que não denuncie o todo é inócua e de pouco alcance. É claro que as cartas hoje não estão com a esquerda, hoje na defensiva e crescentemente impedida de governar. Em boa parte, isso se dá por sua própria culpa, por jamais ter tido uma noção clara de seu papel e feito uma leitura alternativa da realidade. Pelo menos deveríamos aprender com os erros.

O advento das redes sociais torna especialmente difícil o trabalho pedagógico e crítico das esquerdas. Os partidos tradicionais da esquerda mundial perdem a cada eleição mais adeptos. Aqui se juntam, em uma engenhosa divisão do trabalho da dominação, as redes sociais

---

11 Como podemos provar cientificamente que a classe média branca não só nada tem contra a corrupção como ainda é conivente? Basta lembrar a diferença da reação dessa classe contra as acusações infundadas de corrupção contra Lula e Dilma, quando saíram às ruas milhões de branquinhos supostamente indignados, com a reação desse mesmo pessoal em relação à corrupção filmada e gravada de Aécio Neves e Michel Temer que todos testemunhamos. Alguém viu algum branquinho histérico e indignado depois do episódio das malas da JBS em algum lugar? Não, o silêncio foi total. Ora, se os fenômenos sociais são de importância equivalente, de um lado líderes da elite e do outro líderes populares, por que tamanha discrepância de resposta? Esse tipo de experimento histórico é aquilo que Max Weber chamava de "possibilidade objetiva", ao se comparar fenômenos históricos semelhantes e se indagar acerca de suas consequências efetivas. Isso prova que nunca foi a corrupção o problema dessas classes do privilégio e sim a inclusão popular, especialmente dos negros nas universidades, o bastião do privilégio racista dos brancos. Para a classe média branca, a corrupção, desde que seja da elite que ela inveja e admira, não é um problema.

privadas e a mídia tradicional também privada. As classes populares empobrecidas desenvolvem um ressentimento compreensível pela perda de poder de compra e de direitos, sem ter a menor ideia de quem ou o que é, efetivamente, responsável por sua desgraça. A imprensa venal existe precisamente para que o público jamais compreenda o que efetivamente acontece.

Esse "efeito desconhecimento" é o principal produto da mídia privada tradicional, ao criar uma realidade virtual que exige sistemático engano e manipulação da realidade. Ela existe para isso. Esse é e sempre foi o seu trabalho e sua função social. No esquema de dominação vigente, passa a ocorrer uma divisão de trabalho das mídias tradicionais com as redes sociais. Como são as mídias tradicionais que ainda tocam nas grandes questões que envolvem supostamente a todos, de tal modo que se tornem irreconhecíveis à causa real da pobreza crescente, as redes sociais lidam com os efeitos desse desconhecimento. Daí o manancial de ódios e ressentimentos, de escândalos e tentativas desesperadas de chamar atenção que povoam as redes. Uma multidão desorientada, crescentemente empobrecida e raivosa, que se torna rapidamente a matéria-prima principal da extrema direita de hoje.

O principal produto das redes sociais é, portanto, o que Habermas chamava de "fragmentação da consciência", ou seja, a perda de qualquer vínculo com a totalidade mais abstrata, que é o que permite a compreensão e o conhecimento de nosso lugar no mundo social. Isso se deve à estrutura descentralizada do novo regime da informação, a qual age como uma força centrífuga que fragmenta, inapelavelmente, a esfera pública no sentido habermasiano do termo. Assim, a nossa atenção não se dirige mais aos temas relevantes para a sociedade, mas sim para uma miríade de informações sem qualquer relação umas com as outras. Esse fato instaura um caos cognitivo que pulveriza a percepção do indivíduo, impossibilitando a reflexão e a autonomia da consciência.

Cria-se um mundo literalmente "sem história", dada a vertigem permanente de atualidade, da novidade e da surpresa que acaba gerando engajamento. A coação à aceleração de informações e imagens destrói todas as operações cognitivas que exigem concentração e uso intensivo do tempo como toda forma de real aprendizado em geral. Toda incorporação de saber e de conhecimento exige concentração e esforço dirigido e continuado. Não existe conhecimento fácil, mas a nova dominação promete conhecimento sem esforço, criando a "imbecilização do público" no sentido abordado por Theodor Adorno.

As informações caóticas atomizam o tempo e comprometem todas as narrativas que exigem continuidade temporal. O exercício da racionalidade requer tempo e concentração, e não se reproduz em um contexto de aceleração e fragmentação da informação e do conhecimento. Se não há estímulo à reflexão, ficamos à mercê dos afetos subliminares, manipulados ao gosto do dono da empresa privada que passa a decidir não apenas a informação que chega até você como também sua reação a fim de controlá-la melhor. Assim, como o objetivo, nesse contexto, não é uma comunicação efetiva baseada em argumentos criticáveis, o intuito é provocar os nossos afetos, não a nossa inteligência. A tentativa desesperada de um sistema de dominação há muito apodrecido é a de fazer regredir a humanidade e o convívio social ao estágio pré-reflexivo e fomentar com isso a guerra de todos contra todos. O oportunismo vira regra e a ação instrumental, que se opõe à ação comunicativa, tende a dominar todas as dimensões da sociedade.

O contexto atual é, portanto, umbilicalmente antiesquerda – ou seja, consiste em fragmentar e eliminar a possibilidade de narrativas alternativas amplas e abstratas o bastante a fim de permitir o conhecimento real da causalidade social, propiciando, na consciência do sujeito, a compreensão do seu lugar no arranjo social dominante. No entanto, de outra forma, não existe esquerda real. Isso leva a uma morte anunciada, ainda que lenta, da esquerda que não consegue mais conscientizar seu público. Sem um discurso alternativo que dispute o imaginário popular, a vitória total da extrema direita em todos os lugares é mera questão de tempo.

Assim, reconstruir a história do país de modo crítico e mostrar as causas reais da sua dinâmica atual, que empobrece e despolitiza o povo, não são objetivos "acadêmicos". Isso é, ou deveria ser, o fulcro principal de toda ação política racional que se pretende transformadora. Só isso pode reverter o foco no fragmento isolado típico das redes sociais e da extrema direita. Não basta apenas a liderança carismática de Lula, que inspira seus seguidores pelo exemplo de uma história de vida de luta popular. A esquerda precisa de um novo discurso articulado e de uma nova visão do mundo e das coisas, não apenas de bons exemplos. Todos os problemas do Partido dos Trabalhadores advêm disso, inclusive a enorme influência neoliberal dentro da própria legenda. Quando não se tem visão própria, é a visão do inimigo que predomina, e o partido se degrada em um plano B do inimigo que pretendia combater. Simples assim.

Para os que imaginam que a situação defensiva atual impossibilita qualquer reação desse tipo, é preciso lembrar que a posição defensiva atual foi produzida, em primeiro lugar, pela desorientação e falta de estratégia política históricas em um partido que jamais teve um discurso alternativo de fato articulado. Tomemos o caso da ajuda à Rede Globo em 2002.[12] Na pior crise da empresa, o governo concedeu um empréstimo salvador do BNDES de R$ 280 milhões à época. Ou seja, não soube aproveitar a oportunidade e, por exemplo, comprar a emissora para transformá-la em uma TV pública, que não se confunde com TV estatal. Imaginem o efeito de uma televisão plural que refletisse e debatesse todos os interesses em jogo, não apenas os que a elite quer mostrar. Imaginem o processo de aprendizado de um povo que jamais ouviu uma verdade sequer da imprensa privada deste país, em séculos de existência, que permitisse o entendimento de quem é o seu real inimigo social e político.

Esse tipo de política não foi sequer tentado verdadeiramente, nem mesmo quando se tinha 80% de aprovação popular e uma Constituição que

---

12 André Barrocal, "A batalha da TV", *Carta Capital*, 13 nov. 2013, p. 28-33.

prega a função pedagógica da mídia. A construção de uma infraestrutura de imprensa pública jamais foi um objetivo político central do PT, que preferia, pragmaticamente, confiar nas empresas privadas dos seus inimigos.

É uma forma de fazer política de quem imagina que basta melhorar a economia para que o povo – deseducado e despreparado, como sempre quis o projeto elitista – perceba quem é amigo e quem é inimigo. Isso é típico de quem nem sequer entende o contexto conservador criado pelo imaginário elitista que nos domina. Ou seja, de quem não se descolou efetivamente da influência cultural do ideário elitista – por exemplo, quando tem que aturar o sufrágio universal e aceitar conceder uma pequena parte do orçamento público para os pobres.

Assim sendo, a Globo, a grande divulgadora do imaginário elitista dominante no nosso país, que esteve por trás de todos os golpes de Estado antipopulares, foi agraciada com uma vultosa ajuda em sua época de maior crise. A rede também esteve (ora, que surpresa, não é, leitora e leitor?) no ataque do mensalão, no ataque da Lava Jato à soberania nacional e no golpe de 2016, liderando o linchamento do partido popular. Em 2002, algumas das grandes figuras do PT diziam, no entanto, à boca pequena, que não era necessária uma mídia alternativa e crítica porque eles tinham a Rede Globo no bolso. Essa visão superficial ainda não mudou.

Isso é estratégia política de um partido sem objetivo claro e sem mensagem própria à população. Sem uma visão da sociedade, o PT se torna joguete de interesses que não controla. A importância da figura de Lula e de suas corajosas ações de apoio à população mais pobre não nos deve cegar quanto a essa mais absoluta ausência de norte, da falta de um imaginário social alternativo e de orientação política. Não é apenas o ataque da mídia tradicional e das redes sociais controladas pela extrema direita que condiciona a situação atual, mas também uma histórica cegueira política da esquerda pós-Vargas de nem ao menos perceber a importância da construção de um imaginário social alternativo e crítico. Nesse contexto, temos outro exemplo que demonstra sobejamente a colonização da esquerda pela elite: 90% dos intelectuais de esquerda de hoje reduzem

Getúlio Vargas (e sua revolução popular) à condição de mero ditador, como quer e sempre quis a elite de São Paulo.[13]

Vejamos agora uma segunda análise importante para nossa discussão. É precisamente por não dispor de um imaginário alternativo ao elitista que o PT se joga de corpo e alma no "economicismo", o preconceito maior de um partido de classe média que se pretende representante popular. Como a imensa maioria dos quadros políticos é de classe média – e a classe média tende, ingenuamente, a universalizar a sua visão privilegiada do mundo, cognitiva e emocionalmente, às classes populares –, imagina-se, infantilmente, que um projeto econômico de redenção popular e de melhoria de vida seria espontânea e imediatamente percebido pelos pobres enquanto tal. Imagina-se, por exemplo, que um "meme" pontual irá restituir a compreensibilidade social e histórica do sujeito, como se ele mesmo pudesse religar na cabeça os elos de explicação que, pela força da pregação elitista, lhe foram negados.

Disposições de comportamento fundamentais, que permitem a compreensão do mundo, são diferencialmente distribuídos pela clivagem de classes sociais. Ninguém nasce, por exemplo, com capacidade de concentração e de pensamento abstrato, hábito de leitura ou pensamento prospectivo que possibilitem enxergar o futuro além do presente imediato. A classe média branca e a elite "herdam" essas vantagens desde o berço, com exemplos práticos cotidianos, o que é decisivo para o aprendizado dessas disposições de comportamento. As pessoas só entendem, normalmente,

13 Muitos esquecem, inclusive a "esquerda", que um dia antes de Vargas assumir, vigia a República Velha com uma média de 2% de participação popular no voto, os quais, ainda assim, eram fraudados a bico de pena. Foi essa elite que posou de democrata, libertária e constitucionalista apenas dois anos depois. Qual a autoridade moral desse pessoal para falar de ditadura? Uma análise que não considera o contexto histórico pode, em retrospecto, fraudar a história ao seletivamente atribuir à elite da época objetivos que ela jamais teve, como qualquer impulso democratizante. Um país no qual, nos quatrocentos anos anteriores a Vargas, existia uma elite escravocrata e racista que oprimia e marginalizava sua população analfabeta e, por meio da violência, a obrigava à passividade política. Ponham-se no lugar do "ditador", cara leitora, caro leitor: como você reverteria essa situação? Confiaria nos jornais entreguistas de Assis Chateaubriand, a Rede Globo da época?

uma herança em dinheiro. Exceto para a ínfima elite, o aspecto decisivo é a herança cultural de classe. Por ser invisível à maioria, permite a falácia da meritocracia, como se todo privilégio individual não tivesse um fundo social.

Essa herança imaterial é o fundamento do privilégio da classe média branca que se imagina meritocrática. É responsável, além disso, tanto pelo sucesso escolar dos filhos dessa classe privilegiada quanto, condicionada pela ausência desses mesmos pressupostos para o sucesso no mundo dos filhos dos pobres, pela condenação desses filhos ao insucesso escolar e à consequente marginalização social. Como essa ferida de classe não é bem compreendida, os quadros políticos partidários de classe média, na sua maioria, imaginam, de maneira infantil, que aquilo que lhes é imediatamente compreensível também o é para todos os outros. Santa ingenuidade!

Ora, por não ter um imaginário próprio e alternativo é que o PT não exerce o menor controle sobre a forma como o pobre vai perceber quem melhorou sua vida. Na pesquisa empírica que realizei em 2010 com a nova classe C,[14] 80% das pessoas entrevistadas que experenciavam ascensão social significativa na época me diziam que a causa principal da sua boa ventura era "Jesus", que é o que ele ou ela ouve todos os domingos no culto evangélico. Isso mostra, sobejamente, que o PT nem ao menos compreende o significado fundamental da construção de um imaginário alternativo que pudesse explicar a esse indivíduo qual a verdadeira causa de sua ascensão.

Todos os problemas do nosso maior partido popular, assim como de toda a luta popular no país por extensão, advêm dessa mais absoluta falta de visão abrangente crítica e alternativa. E como todo comportamento é determinado por ideias, essa ausência é o principal responsável também pela passividade das massas perante o próprio sofrimento. Todas as revoluções eficazes e todos os processos de aprendizado social pressupõem

14 Ver Jessé Souza, *Os batalhadores brasileiros*, 2010.

uma mudança do imaginário social dominante. Portanto, essa mudança exige aproximação entre especialistas e povo leigo, mostrando que há outras possibilidades em relação à vida percebida como imutável.[15] Parte significativa do povo que apoia Jair Bolsonaro não é bolsonarista por opção política; é que nenhuma visão alternativa da sociedade que faz esse povo sofrer chega até ele, e simplesmente porque tal visão ainda não existe.

Já antecipo aqui a resposta a uma crítica que seria facilmente dirigida a essa argumentação. Alguns poderiam dizer que sim, obviamente o PT e o governo Lula procuram conscientizar o povo, tanto que os recentes memes feitos vinculando imprensa, congresso e bilionários – que tiveram como protagonista o personagem Hugo Nem Se Importa – obtiveram estrondoso sucesso.[16] Ora, o sucesso do meme comprova tudo o que dissemos a respeito da importância fundamental de esclarecer o povo sobre quem são seus verdadeiros inimigos. O povo não é burro. Se alguém explicar, o povo vai entender. O povo só foi imbecilizado pela imprensa por séculos, mas nasceu inteligente e pode recuperar sua inteligência roubada se derem a chance para isso.

O que o sucesso dos memes esconde é que, sem um quadro de compreensão maior, mais abrangente e coerente, nenhuma questão faz realmente sentido. Como os memes se referiam a questões pontuais, ainda que fundamentais, como justiça fiscal e escala de trabalho mais humana, sua vida tende ser de curta duração. A compreensão humana do mundo social depende da articulação totalizadora e coerente de todos os elos que constroem uma compreensão particular.

15 Não existe revolução real sem esclarecimento do público pelos especialistas. A Revolução Francesa de 1789 repetia uma insurreição contra o preço do trigo e do pão que já havia se desenrolado diversas vezes ao longo de seiscentos anos antes do levante francês. O povo esfomeado matava alguns nobres e o rei baixava o preço do trigo, encerrando a rebelião da vez. Em 1789, no entanto, por distinção, existiam Rousseau, Voltaire, Diderot e muitos outros que debatiam com líderes populares como Danton e que diziam: não basta baixar o preço do trigo; podemos construir uma sociedade nova e melhor.

16 Refiro-me aos memes publicados em resposta à negativa da Câmara dos Deputados em aprovar medidas de justiça fiscal em 2025. Hugo Nem Se Importa parodia o presidente da Câmara dos Deputados Hugo Motta.

Vimos anteriormente com o exemplo das grandes religiões mundiais e com as "religiões civis" criadas pela identidade nacional da modernidade, que são as explicações mais articuladas, totalizadoras e coerentes que conquistam o coração e a mente das pessoas.[17] O contra-ataque pontual feito através dos memes ajuda a fragmentação do mundo na consciência do indivíduo, posto que não reconstrói uma narrativa coerente e totalizadora. Explicações isoladas, ainda que brilhantes e radicais, são de pouca valia. Os memes que tiveram mais atenção e visualizações foram exatamente aqueles que uniram, na cabeça da população, algo que jamais havia ouvido: a denúncia da relação carnal entre imprensa, congresso reacionário e os bilionários saqueadores da nação. Isso mostra, precisamente, a extraordinária eficácia da verdade e da denúncia como arma política.

Mas apenas isso não basta. Na cabeça do povo, essa articulação pode ser vista como casual ou fortuita. É preciso mostrar que sempre foi assim e continuará a ser se nada fizermos. É preciso reconstruir uma visão totalizadora, que é o ponto de partida para o convencimento das massas. Os tais memes pontuais têm eficácia no tempo muito reduzida e repetem todas as limitações da comunicação digital, com seu presente eterno sem passado e sem futuro.

Os memes iluminarão um ponto muito restrito e, pior e mais importante, estarão cercados por todo o imaginário totalizador elitista dominante que permite envenenar ou enfraquecer decisivamente a crítica fragmentada solta no mundo. A crítica pontual tem seus limites claros; é uma pequena lanterna num mar de escuridão. Há que se responder a três questões essenciais, já elencadas aqui, de modo alternativo. A crítica parcial é impotente para se contrapor a um imaginário que serve para isolar e enfraquecer as críticas pontuais, fragmentando a compreensão do indivíduo.

---

17 O hinduísmo logrou sobreviver com poucas variações através de milênios porque a doutrina do carma racionaliza a irracionalidade ética do mundo, construindo uma interpretação que tudo explica, inclusive as injustiças sociais. Se a sua vida é muito ruim hoje é porque você está pagando pelo que fez em outras vidas.

A falta de um projeto nacional alternativo articulado em todas as dimensões importantes é encoberta pela força da figura pessoal de Lula, cuja vida exemplar serve para um processo pessoal e afetivo de identificação, pelo menos para a maioria. Mas isso é pouco e tão frágil e perigoso como a própria vida humana. Sem se contrapor ao domínio infofinanceiro e seus prepostos nativos, denunciando sua mentira e manipulação, não existe "esquerda". A razão para isso é que a situação desoladora da imensa maioria das pessoas não é compreendida nas suas causas e não se percebe quem as viabiliza e é o verdadeiro culpado. Essa explicação alternativa precisa se contrapor ao imaginário elitista e conservador dominante sob pena de sua crítica ser sempre pontual e fragmentária, facilmente engolida e mastigada pelo imaginário dominante.

Precisamente por haver compreendido a importância decisiva das narrativas sociais totalizadoras e da luta política pelas ideias dominantes, procurei dar a minha contribuição e fazer o embate intelectual contra o imaginário elitista hegemônico no Brasil até hoje. O livro *A elite do atraso* é uma contraposição, ponto a ponto, do imaginário elitista construído por gente como Sérgio Buarque e Raymundo Faoro e seguido até hoje pela imensa maioria dos intelectuais brasileiros, que alimentam a imprensa, as redes sociais e a indústria cultural todos os dia com ideias elitistas disfarçadas de crítica social.

Esse imaginário elitista consolida o "racismo cultural" travestido de ciência que permite separar, na prática, os brancos e os europeizados (elite de proprietários e classe média branca) tidos como "honestos" e baluartes da moralidade, dos negros e mestiços percebidos como pré-modernos, corruptos e eleitores de corruptos, além de patrimonialistas e personalistas. Embora Sérgio Buarque jogue na lata do lixo o povo como um todo, como símbolo do atraso e da desonestidade,[18] vimos que os branquinhos importados recentemente da Europa nunca se viram – como não se veem até hoje – como parte desse povo escuro e desprezível. Da mesma forma,

18 Sérgio Buarque de Holanda, *Raízes do Brasil*, 2001.

a elite paulista se vê como "americana" nos trópicos. Desse modo, a pecha da corrupção vai ser atribuída somente aos negros e pobres e aos seus representantes políticos.

Não precisa ser muito inteligente para entender que é o racismo escravocrata que permeia toda a falsa modernidade brasileira. Os branquinhos que vêm da Europa tirando onda de virtuoses da moralidade vão na sua enorme maioria, cerca de 70%, para o estado de São Paulo e 30% para o sul do país. Eles se percebem como arautos da modernidade e do progresso nesta África atrasada que chamam de Brasil. O pacto antipopular entre elite e classe média branca é, antes de tudo, um pacto racista. A união de americanismo bandeirante e embranquecimento europeu se dá, antes de tudo, na São Paulo que arvora para si a construção de um imaginário que se pretende "para inglês ver", civilizado e europeu, mas baseado na exploração e na humilhação popular de origem escravocrata dos povos e das classes sociais oprimidas.

É com essa ideia racista disfarçada de ciência cultural que se legitima a cultura de golpes de Estado que se constrói na década de 1930, mas que já atua em 1954 para apear Vargas do poder, sempre baseada em uma corrupção nunca comprovada. Essa pretensa corrupção também vai exercer papel importante contra Jango, Juscelino, Lula e Dilma. Não é preciso que aconteça de fato; basta que a imprensa em uníssono diga que a corrupção existe. É uma espécie de bomba atômica que a elite carrega no bolso toda vez que a sua posse do Estado é ameaçada.

Afinal, a imprensa é, de modo muito conveniente, propriedade privada da mesma elite que saqueia todo mundo. Assim, toda vez que um representante popular, apesar de todo o cerco midiático, conseguir chegar ao comando do aparelho de Estado, a elite pode jogar, a qualquer momento, a acusação pré-fabricada de corrupção para explodir todo o processo democrático. É um jogo viciado por dentro há cem anos. Jogo este que quase ninguém se deu ou se dá conta na sua inteireza.

O resultado prático é tornar o sufrágio universal ineficaz como forma de participação popular. A mensagem elitista é dupla e enganosa: a gente faz de conta que aceita o sufrágio universal e o jogo democrático, mas os excluídos e marginalizados têm que continuar sem voz e seu voto não pode valer, senão a gente explode tudo. Os marginalizados e indefesos têm que continuar levando uma vida indigna, porque a elite não quer gastos orçamentários com esse pessoal, já que vê o orçamento público como coisa sua. E a classe média branca não quer competição de negro e de pobre que ameace seu virtual monopólio do capital cultural e do conhecimento relevante socialmente, o que lhe assegura bons empregos e reconhecimento social em um país de miseráveis.

É por conta desse pacto antipopular entre elite de proprietários e classe média branca, consolidado desde os anos 1930, que a democracia sempre tem sido um arremedo entre nós por conta desse ataque intestino e encoberto à soberania popular, desvelando mais uma manifestação concreta do escravismo que continua até hoje. Quem não tem direitos não tem, também, a sua humanidade reconhecida. Quem não participa da formação da vontade coletiva porque seu voto, ao fim e ao cabo, não vale tem sistematicamente negada sua humanidade como participante do arranjo social em iguais condições. E não tem nada mais escravista que o não reconhecimento da humanidade do outro.

Esse é o verdadeiro núcleo da escravidão, é o que faz com que funcione sem que se perceba seu real funcionamento. A própria forma de legitimação política do país como um todo remete, portanto, à continuação de um processo de exclusão social que se inicia na escravidão e continua até os nossos dias com outras roupas e outras máscaras.

A cultura de golpes de Estado, vigente entre nós como maior força política em todo o último século, existe para que a escravidão possa conviver com "novidades modernas", como o sufrágio universal, fingindo que mudou e se modernizou apenas para continuar viva em tudo que importa. E o que importa no escravismo é a mistura peculiar de exploração do trabalho alheio e o gozo e o prazer na humilhação do mais frágil socialmente. Até hoje os negros e pobres existem para servir de mão de obra barata a preço vil para as classes do privilégio, e para ser, além disso, humilhados cotidianamente pela polícia, pelas patroas, pela escola precária.

Essa é a verdadeira "herança cultural" brasileira, que nada tem a ver com Portugal. Em contraposição nítida a essa leitura elitista, procurei criticar o ridículo científico e histórico da suposta "herança maldita" da corrupção portuguesa, que seria a herança cultural supostamente determinante da pobreza e dos problemas do país, em um contexto histórico em que era impossível pensar em corrupção. Como a noção de bem público é tardia, inventada nas revoluções americana e francesa do final do século XVIII, não havia como um particular na Idade Média (que é onde Faoro vai localizar a semente da corrupção ibérica)[19] "roubar" o bem público. As terras e os monopólios políticos eram do rei e de seus apaniguados, seja em Portugal, seja em qualquer outro país europeu da época, e isso era aceito por todos como algo legítimo.

A atribuição de uma cultura da corrupção como traço cultural português é uma fraude histórica de grandes proporções. Foi construída para contrapor a herança ibérica como índice de inferioridade, possibilitando ver a suposta herança protestante inglesa e americana como vitória da "honestidade" e da democracia. Quando lembramos que a elite paulista passou duzentos anos tentando se passar por americana nos trópicos, encontramos sua real motivação. Mais uma vez, o fito é mostrar que a elite deve governar por ser, historicamente, a mais "virtuosa". Apesar disso, independentemente de sua flagrante fragilidade conceitual, essa bobagem ainda é ensinada nas escolas do país às nossas crianças e está na cabeça dos 210 milhões de brasileiros. Na realidade, nosso berço é a escravidão, que nem sequer existia em Portugal.

Como explicação totalizante hegemônica da história do país, no entanto, é a elite que seleciona tudo o que o povo vai ver na imprensa e na indústria cultural. Assim, por sua força e pregação diária, imaginamos que somos mais corruptos que os outros povos e por isso imbecilizados a

19 Raymundo Faoro, *Os donos do poder*, 1980.

ponto de entregar de bandeja a Petrobras e a Odebrecht aos americanos, posto que seriam, ao contrário de nossos políticos, honestos, produtivos e confiáveis. A mesma ideia vai explicar também por que toda corrupção estaria só no Estado e na política. Com uma mesma ideia é possível matar dois coelhos: culpa-se a política e o Estado por tudo de ruim, o que fragiliza a política como um todo e apequena a participação popular; e de quebra ainda se invisibiliza o saque real da elite sobre o povo. A elite aproveita os golpes também para "privatizar" - um eufemismo do saque sobre a riqueza pública - as empresas estatais lucrativas e produtivas a preço de banana.[20]

É esse imaginário dominante que está na cabeça do povo até hoje, daí que não se esboça reação contrária espontaneamente. Se ninguém contou quem é o inimigo nem como ele age, o povo vai se contrapor a quem? Daí ser presa tão fácil do imaginário elitista e excludente. Assim, sua raiva justa pela opressão diária será canalizada agora pela extrema direita, não pela esquerda. Como seria de outro modo se a esquerda nem sequer se preocupa em construir uma narrativa própria da história e do real funcionamento da sociedade? Muito pior: nem ao menos percebe a importância fundamental desse debate.

A direita, ao contrário, tem uma narrativa própria. É mentirosa e canalha, sabemos todos, mas exerce, não obstante, o fascínio que toda narrativa compartilhada e totalizante produz naqueles que sofrem cotidianamente sem entender o motivo. A esquerda, por sua vez, nada tem a não ser um vazio narrativo, que se debate sobre questões conjunturais e fragmentárias, facilmente engolidas e mastigadas pelo ideário dominante criado pela elite de São Paulo com ajuda da sua imprensa. A forte presença pessoal de Lula obscurece toda essa fragilidade.

---

20 Se você vende uma empresa por uma pequena fração de seu valor, como a BR Distribuidora, ou um campo de petróleo que vale trilhões por míseros milhões de dólares, é porque está recebendo a parte do leão em paraísos fiscais, roubando o futuro e a riqueza de todos, não acha, leitora e leitor? Eles nos tomam por imbecis, mas nós não somos, não é mesmo, cara leitora e caro leitor?

A acusação de escravismo continuado com outras máscaras, todavia, me parece ser um excelente ponto de partida de uma grande narrativa alternativa e crítica para a esquerda porque é verdadeira – basta que se tenha olhos para ver, o que produz um efeito "revelação" importante para o público.[21] Se tal acusação procede e é bem argumentada, o potencial de convencimento cresce exponencialmente. Ao mesmo tempo, também é uma denúncia que deixa o opositor sem defesa. Embora o grande objetivo da extrema direita seja acabar com a empatia dos seres humanos uns pelos outros, é algo que ainda não se consolidou. A escravidão continua sendo indefensável para a elite e a classe média branca, embora essas classes atuem em uníssono para mantê-la de modo prático e não explícito.

Também os "novos escravizados", criados para não ter defesa e ser explorados e humilhados, mais do que ninguém precisam saber – seria pela primeira vez na história deste país – quem são seus reais inimigos e quem retira prazer de sua situação humilhante e vexatória. Sem isso, eles vão interpretar seu empobrecimento relativo, provocado pelo golpe de 2016, como causado "pela corrupção do PT", tal qual noticiado por anos a fio em toda a imprensa brasileira.

Aos leitores de classe média deste livro: ponham-se no lugar de um miserável. Como agir se ninguém conta de fato o que está acontecendo? A imprensa nada esclarece – existe somente para distorcer e mentir –, as redes sociais menos ainda, e, para finalizar, nem a "esquerda" apresenta qualquer narrativa alternativa totalizante. Como um pobre-diabo saberia quem é o inimigo se ninguém lhe contou de quem se trata? Ele é o produto típico da escola precarizada e da imprensa venal. Uma verdadeira fábrica de ignorância e ressentimento.

---

21 A escola de samba Paraíso do Tuiuti foi a "campeã do povo" no desfile do carnaval do Rio de Janeiro de 2018 tendo utilizado o livro *A elite do atraso* como sua principal fonte de inspiração. O mote foi exatamente a continuidade não percebida da escravidão até hoje, que é a tese central do livro. O desfile foi apoteótico, posto que o público compreendeu imediatamente algo fundamental que explicava todo aquele contexto pós-golpe de 2016. Apesar, de, obviamente, não ter levado o prêmio oficial, foi a campeã do público, escolhida melhor escola por júri popular, que "compreendeu" instantaneamente do que se tratava.

Por conta disso, argumentei que a escravidão, e não Portugal, era nosso berço enquanto sociedade, e que até hoje seríamos escravocratas. Como os seres humanos são construídos por estímulos institucionais (basta pensar na família e na escola como formadores de tudo que é importante na nossa personalidade), a escravidão foi a instituição total que criou uma forma específica de família, de economia, de política, de cultura e de direito muito singulares e que até hoje persistem. E como nunca foi devidamente percebida, nem efetivamente criticada, essa herança segue nos assombrando. Sociedades e indivíduos só mudam verdadeiramente por processos de aprendizado explícitos que costumam ser muito dolorosos. Sem isso, estamos condenados à repetição de padrões com nova roupagem feita para nos enganar – segue-se fingindo que o novo substituiu o velho. O sufrágio universal é um exemplo típico: a gente finge que usufrui, mas é algo que não vale na prática. Se ninguém deu a verdadeira importância à escravidão, percebida como algo secundário à herança ibérica no nosso culturalismo conservador dominante, como isso poderia servir de estímulo ao aprendizado coletivo?

Muitos falaram sobre a "importância da escravidão", inclusive quem defendeu a interpretação contrária da herança da corrupção ibérica. Mas "dizer" é pouco, já que o "nome" expressa a confusão do senso comum e não tem qualquer sentido unívoco. Quando se discute a importância da escravidão, alguns irão imaginar a capoeira, outros a feijoada, outros tantos o quartinho de empregada, e assim por diante. E vão conversar uns com os outros usando o mesmo nome, mas pensando coisas muito distintas. Uma verdadeira "conversa de doidos", responsável pela confusão que reina no debate público. Diferentemente do que o público imagina, e também muitos intelectuais, "nomear" algo não é "explicar".

Por conta disso, procurei passar do nome ao conceito de escravidão. Ao contrário do mero "nome", o "conceito" recria a realidade confusa em pensamento, permitindo ultrapassar a confusão dos nomes e restituindo, pelo trabalho conceitual, a compreensibilidade do mundo social. O conceito exige que o autor consiga, antes de tudo, perceber o que é principal e o que é secundário na realidade social. Sem isso o mundo é apenas confusão e opacidade. E o que existe de mais importante para a compreensão de qualquer sociedade é a sua forma de legitimação. Como toda sociedade é injusta, ainda que em graus distintos, a primeira função que permite a reprodução no tempo de dado arranjo social é a legitimação desse arranjo, do contrário isso não dura um dia sequer. Foi o que procurei demonstrar.

A dominação social no nosso país se legitima primeiro pelo racismo explícito e depois pelo racismo cultural que reconstruímos aqui. Ambos são fruto direto da escravidão, que não só nunca foi devidamente criticada, mas também percebida, até pela nossa inteligência dominante, como algo secundário em relação à balela da herança de corrupção ibérica. Contra essa ideia elitista e negacionista, procurei mostrar como a cultura de golpes de Estado, recorrentes no nosso país, é produto direto de uma escravidão continuada que visa, antes de tudo, retirar qualquer participação popular dos negros e dos pobres. Daí o povo ser percebido como intrinsecamente corrupto. Para criminalizar e desmoralizar seu voto e toda forma de participação popular.

Mas não parei por aí. Procurei mostrar também, neste e em outros livros,[22] que o sistema de classes vigente, possibilitado pelo esquema de legitimação aqui explicitado, entre nós reproduz à perfeição a mesma estrutura de classes que herdamos da escravidão. Uma elite do "saque de curto prazo", no limite irracional, é típica de toda elite escravista. Uma classe média que se vê como elite é a continuidade perfeita do "agregado" do século XIX, que se tornava braço armado do senhor porque este o convidava para tomar café da manhã. Existe algo mais próximo do indivíduo de classe média de hoje, que se identifica com quem o oprime e o deixa mais pobre? A classe média sempre foi a "tropa de choque" da elite do saque. É ela que se finge de povo em todo golpe de Estado, para

22 Ver Jessé Souza, *A ralé brasileira*, 2022; *A classe média no espelho* (nova edição no prelo); e *A elite do atraso*, 2025.

"moralizar" a continuidade da exclusão social dos negros e pobres que garante o monopólio de classe do capital cultural legítimo.

Mas o principal aspecto da continuidade das classes sociais é a produção dos novos escravizados até os nossos dias, cerca de 40% da nossa população, quase todos negros, condenados a uma família desestruturada e à socialização escolar precária, que os transformam em analfabetos funcionais, sem chances no mercado de trabalho competitivo. No contexto moderno, o trabalhador que não incorpora conhecimento útil está condenado a vender meramente sua "força muscular", obviamente a preço vil. Explora-se a energia do músculo, como se faz com os cavalos, os jumentos, e como se fazia com os antigos escravizados. Isso não é apenas "dizer" que a escravidão foi importante; isso é "explicar" como continua determinando nossa sociedade, esclarecendo o jogo entre as classes sociais que mantêm a dominação, desde que se saiba separar o importante do secundário. É uma explicação, enfim, que permite virar de ponta-cabeça o imaginário elitista dominante.

Uma das coisas mais gratificantes que experimentei em minha vida de pesquisador foi a comovente reação de pessoas pobres ou pretas com a leitura, muito especialmente de *A elite do atraso*, mas também de outras obras. Em encontros casuais na rua, fui e sou frequentemente confrontado com uma enorme e comovente gratidão de pessoas como porteiros, enfermeiras, motoristas de aplicativo e pobres e negros em geral que me agradecem, comovidos, por um livro que lhes teria aberto os olhos, fazendo-os compreender quem realmente são e como o Brasil funciona. *A elite do atraso* foi um *best-seller*, muito provavelmente lido por alguns milhões – é muita gente para um livro. Ainda é muito pouco para provocar uma mudança de imaginário social. Porém seu sucesso mostra a importância de uma leitura crítica e alternativa do mundo social para a compreensão e motivação política, especialmente pelas pessoas que mais são prejudicadas pelo nosso sistema econômico.

O tema da continuidade da escravidão – a qual caberia à esquerda combater, antes de tudo – é fundamental porque tematiza tudo que é importante para um imaginário social alternativo. Permite-se, assim, desconstruir tanto a dominação global quanto a dominação interna e mostrar o vínculo entre as duas. A escravidão já é uma primeira forma que o imperialismo europeu assume no limiar da modernidade. Mostrar que esse colonialismo e imperialismo continuam vivos até hoje para nos manter escravizados não só seria nitroglicerina pura como também algo facilmente demonstrável.

Desde Portugal, passando pela Inglaterra e, desde a segunda grande guerra, pelos Estados Unidos, o Brasil é comandado, em tudo que importa, como vimos anteriormente, de fora para dentro. O anti-imperialismo pode se juntar ao nacionalismo como um projeto de reerguimento nacional se utilizando de uma crença já existente e compartilhada pela maioria da população. Nesse desiderato, um fanfarrão como Donald Trump ajuda muito, já que até a elite entreguista precisa da soberania para que possa preservar sua função social. A elite local só existe para organizar o saque interno, mas, para fazer esse trabalho sujo é necessário soberania formal, senão a elite local se torna dispensável. Se os americanos podem intervir e saquear diretamente, para que serve a elite nativa? Esse imaginário social crítico e alternativo poderia ajudar a viabilizar um projeto nacional de soberania econômica e política que percebesse e criticasse o status neocolonial do Brasil.

Os ataques trumpistas à soberania nacional poderiam ser mais bem aproveitados com uma compreensão do estatuto neocolonial brasileiro – que jamais foi explicado para o povo por ninguém – que existe para manter o país pobre e sem indústrias, além de condenado a exportar bens primários. Essa "vocação agrária" do Brasil, de longa história e que continua com a propaganda do "agropop" de hoje em dia, é um projeto americano para evitar que o Brasil e o Sul global desenvolvam potências emergentes. Essa vocação agrária é defendida, inclusive, pela elite nativa que sempre preferiu ser capataz de americano a liderar um projeto nacional de desenvolvimento industrial e inclusivo. Sem partir da crítica anticolonial, nada que acontece no Brasil é compreensível.

Isso permitiria também tornar compreensível todo o esquema de poder vigente, já que nossa elite é subordinada econômica e culturalmente às elites metropolitanas comandadas pelos Estados Unidos e funciona, na prática, como seu "capitão do mato" nativo, que existe para organizar o saque e manter a ordem interna para os investidores americanos.[23] Como o neocolonialismo, o racismo e a escravidão explícitos não são aceitáveis, a força da denúncia é irresistível. Vargas, ao seu modo, lançou as primeiras bases desse projeto ao afirmar a dignidade popular dos negros e dos pobres.

Outra vantagem da acusação de escravismo continuado, facilmente comprovável em qualquer situação, é que seria possível criar uma "cultura de resistência", já que o povo sente a humilhação na prática cotidiana, mas não compreende quais são as suas origens. Ninguém quer ser tratado ou visto como um escravizado sem direitos. Fazer com que o povo oprimido entenda sua real condição social permitiria uma cultura de resistência que, potencialmente, uniria os 80% de pobres e de humilhados que fazem parte da sociedade brasileira.

Dessa problematização poderia sair, eventualmente, um projeto nacional autônomo, compreensível ao povo pela oposição ao esquema do imaginário atualmente dominante. De resto, o escravismo prático é a base da legitimidade política vigente assim como é o fundamento da estrutura de classes no país. São as relações entre as classes sociais que preservam a exclusão social da maioria que herdamos da escravidão. É o ódio de classe e raça das classes brancas que alimenta no tempo a produção de seres indefesos, vulneráveis e frágeis, para serem explorados a preço vil e sofrer humilhações diárias. A denúncia de sua presença no dia a dia sob formas mascaradas parece-me a ideia mais potente para um imaginário social alternativo que explicasse aquilo que os seres humanos sempre buscaram: um sentido totalizador e coerente que faça com que o povo compreenda quem ele foi, quem ele é, e quem, provavelmente, poderá ser.

---

23 André Esteves disse, para um público de investidores do seu banco, o BTG Pactual, o maior banco de investimentos do país, que entre seus vinte maiores clientes dezenove são americanos. Eis em benefício de quem se dá a dominação econômica no nosso quintal.

Não estou aqui pleiteando simplesmente que a minha visão alternativa da história e da dinâmica atual da sociedade brasileira seja a base de um imaginário social alternativo para os brasileiros, como Gilberto Freyre e Sérgio Buarque conseguiram – cada um a seu modo, o primeiro com Vargas, e o segundo com a elite paulista. A questão aqui é pragmática e coletiva, de salvação nacional, não de vaidade pessoal. Se existir no mercado de ideias outra visão mais verdadeira e mais profunda, capaz de produzir um novo imaginário mais crítico e alternativo, por favor, que seja essa a nova ideia a ser abraçada.

Nesse contexto, a pregação comunista e a crítica ao imperialismo, precisamente por ser oposta ao ideário elitista, passa a ter, também, chances práticas reais de representar a "esquerda" em um futuro próximo. E isso se dá pela mais absoluta ausência de um projeto nacional alternativo, que se contraponha ao elitista dominante, na esquerda tradicional. Alguma coisa precisa ser feita. Eu estou clamando por uma necessidade urgente que me parece óbvia e confesso que me desespero, pela mais completa ignorância sobre essa necessidade demonstrada por aqueles que estão com a mão na massa da comunicação política. Essa ignorância é prenúncio de novas tragédias.

E a cegueira de quem não entende como o mundo social funciona nem percebe a importância decisiva da disputa pela hegemonia das ideias precisa acabar. É impressionante a extrema limitação intelectual da imensa maioria de nossos políticos em todos os partidos. Não se compreende simplesmente, e isso abrange quase todos, que uma concepção que empodere os excluídos e mostre a injustiça flagrante da sociedade brasileira, nas suas raízes reais, é a matéria-prima fundamental de qualquer mudança social real e efetiva. Tal mudança, como vimos, só é possível com a criação de um novo imaginário totalizador e antielitista. Somente um novo imaginário social pode religar, na cabeça das pessoas comuns, aquilo que foi fragmentado pelas redes sociais e pela extrema direita. Sem isso, nosso futuro será sombrio.

Referências bibliográficas

ADORNO, Theodor; HORKHEIMER, Max. *Die Dialektik der Aufklärung.* Frankfurt: Suhrkamp, 1981.

BARROCAL, André. A batalha da TV. *Carta Capital*, São Paulo, 13 nov. 2013, p. 28-22.

BELLAH, Robert. *The Broken Covenant:* American Civil Religion in Time of Trial. Chicago: Chicago Press, 1992.

BOLTANSKI, Luc; CHIAPELLO, Ève. *Le nouvel esprit du capitalisme.* Paris: Gallimard, 1999.

DEWEY, John. *The Public and Its Problems.* [S.l.]: Alpha Editions, 2024.

DUMONT, Louis. *Homo aequalis:* gênese e plenitude da ideologia econômica. Santa Catarina: EdUSC, 2000.

FAORO, Raymundo. *Os donos do poder.* Porto Alegre: Globo, 1980.

FISCHER, Max. *A máquina do caos.* São Paulo: Todavia, 2024.

FOUCAULT, Michel. *Vigiar e punir.* São Paulo: J. Zahar, 1980.

FRASER, Nancy. *The Old is Dying and the New Cannot Be Born.* Nova York: Verso, 2019.

FRASER, Nancy; HONNETH, Axel. *Redistribution or Recognition?.* Nova York: Verso, 2004.

GORZ, André. *Métamorphoses du travail:* critique de la raison économique. Paris: Gallimard, 2004.

HABERMAS, Jürgen. *Die Strukturwandel der Öffentlichkeit.* Frankfurt: Suhrkamp, 1975a.

______. *Technik und Wissenschaft als Ideologie.* Frankfurt am Main: Fischer Verlag, 1975b.

______. *Die Rekonstruktion des historischen Materialismus.* Frankfurt: Suhrkamp, 1979.

______. *Die Theorie des kommunikativen Handelns.* Frankfurt: Suhrkamp, 1981.

HAN, Byung-Chul. *Infocracia:* digitalização e a crise da democracia. Petrópolis: Vozes, 2022.

HOLANDA, Sérgio Buarque de. *Raízes do Brasil.* São Paulo: Companhia das Letras, 2001.

INGLEHART, Ronald. *Modernization and Postmodernization: Cultural, Economic and Political Changes in 43 Countries.* Princeton: Princeton University Press, 1997.

LIPPMANN, Walter. *Public Opinion.* Radford: Wilder, 2010.

MADISON, James; HAMILTON, Alexander; JAY, John. *The Federalist Papers.* Mineola: Dover, 2014.

MARSHALL, Thomas Humphrey; BOTTOMORE, Tom. *Citizenship and Social Class.* London: Pluto Press, 1987.

NORBERT, Elias. *Das Prozess Zivilisation.* Frankfurt: Suhrkamp, 1980.

PANITCH, Leo; GINDIN, Sam. *The Making of Global Capitalism.* Nova York: Verso, 2013.

SCHUMPETER, Joseph. *Capitalism, Socialism and Democracy.* Radford: Wilder, 2018.

SIMMEL, Georg. *Grundfragen der Soziologie:* Das Individuum und die Freiheit. Charleston: Nabu Press, 2010.

SOUZA, Jessé. *Os batalhadores brasileiros.* Belo Horizonte: UFMG, 2010.

______. *Brasil dos humilhados: uma denúncia da ideologia elitista.* Rio de Janeiro: Civilização Brasileira, 2022a.

______. *A ralé brasileira: quem é e como vive.* Rio de Janeiro: Civilização Brasileira, 2022b.

______. *O pobre de direita: a vingança dos bastardos.* Rio de Janeiro: Civilização Brasileira, 2024.

______. *A elite do atraso: da escravidão à ascensão da extrema direita.* 3. ed. Rio de Janeiro: Civilização Brasileira, 2025.

STREECK, Wolfgang. *Gekaufte Zeit.* Frankfurt: Suhrkamp, 2021.

TAYLOR, Charles. *Sources of the Self.* Harvard: Harvard University Press, 1985.

THOMPSON, E. P. *The Making of the English Working Class.* Nova York: Vintage Books, 1966.

VIANNA, Luiz Werneck. *A revolução passiva:* americanismo e iberismo no Brasil. Rio de Janeiro: Revan, 1997.

WEBER, Max. *Das Antike Judentum.* Tübingen: J.C.B. Mohr, 1969.

______. *Parlament und Regierung im Neugeordneten Deutchland.* Berlin: Duncker e Humblot, 2011.

Este livro foi impresso na tipografia Minion Pro,
em corpo 11,5/16, e impresso em
papel off-white no Sistema Cameron da
Divisão Gráfica da Distribuidora Record.